珍奇植物

ビザールプランツと生きる

監修
藤原連太郎／Shabomaniac!

Illustration : kaoru sano

日本文芸社

珍奇植物の魅力

Charm of Bizarre Plants

4
5

6
7

ディッキア愛好家の栽培場にて

8

9

10

11
12
14
15
13

アメリカ西海岸にあるアガベのナーセリー

Rancho Soledad
Nurseries
18539
18
19

巨木のアロエが植えられたアメリカ西海岸のナーセリー

20

1. *Monsonia peniculinum*
2. *Aztekium ritteri*
3. *Copiapoa cinerea*
4. *Haworthia maughanii*
5. *Rhizanthes deceptor*
6. *Monilaria pisiformis*
7. *Arrojadoa multiflora*
8. *Ceropegia fusca*
9. *Dyckia choristaminea*
10. *Pachypodium bispinosum*
11. *Ophthalmophyllum lydiae* Geselskopbank
12. *Monsonia multifida*
13. *Lophophora fricii*
14. *Ariocarpus bravoanus* subsp. *hintonii*
15. *Euphorbia horrida*
16. *Euphorbia meloformis* 'valida'
17. *Othonna* sp. 'feather leaves'
18. *Lophophora fricii*
19. *Tylecodon pearsonii*
20. *Agave victoriae-reginae* 'variegata'

About this book
はじめに

2018年秋、日本文芸社さまより監修作業のご依頼をいただきました。

私は栽培歴が短いということもあり、植物を語ることには少なからず抵抗がありました。
作業を進める中、私の師でもある栽培歴40年を誇るShabomaniac!さんとの共同監修と形を変え本誌の完成に至りました。

現在は園芸ブームということもあり、多くの有用な書籍が発行されています。
そんな中で私とShabomaniac!さんで監修を行うならどんな書籍が良いのだろうと時間をかけ辿り着いた形。

様々な方が撮られた憧れの自生地の写真の数々。
栽培家からプロの方まで、愛情を持って作り込まれた植物や標本株の数々。
そして未来へと繋がるであろう植物界のキーパーソンたちによるトークセッション。

栽培に関する一般的な解説はあえて割愛し、愛情をかけて植物に接し撮影・掲載することに注力しました。
言葉多く説明せずともこの本を最初から最後までじっくりと見ていただければ必ず感じていただけることがあると信じています。

この書籍のサブタイトルにある「ビザールプランツと生きる」をそれぞれ考えて頂きつつ決してインテリアにとどまらない彼らの猛々しい生命力を感じていただければと思います。

藤原連太郎

Othonna cacalioides

CONTENTS 目次

【植物の名前について】

植物の分類、また和名(または愛称)や学名(属名・種小名)の表記や読み方には、様々な考え方があります。本書では、一般にひろく共有されている呼び方・表記があるものは、なるべくそちらを優先し、学名・異学名も付記する形としました。

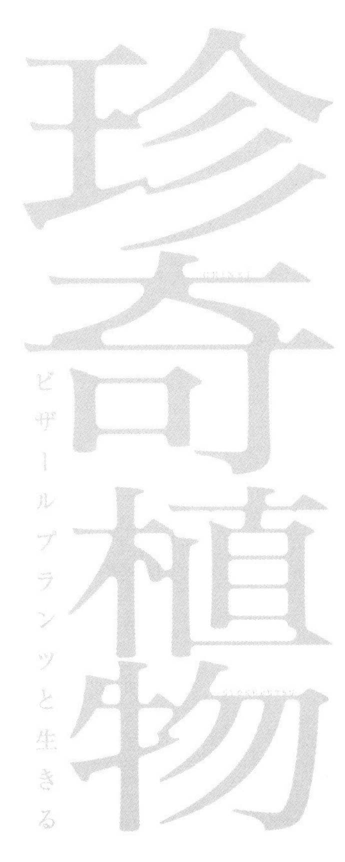

世界の自生地

Echinocactus polycephalus

Ariocarpus fissuratus

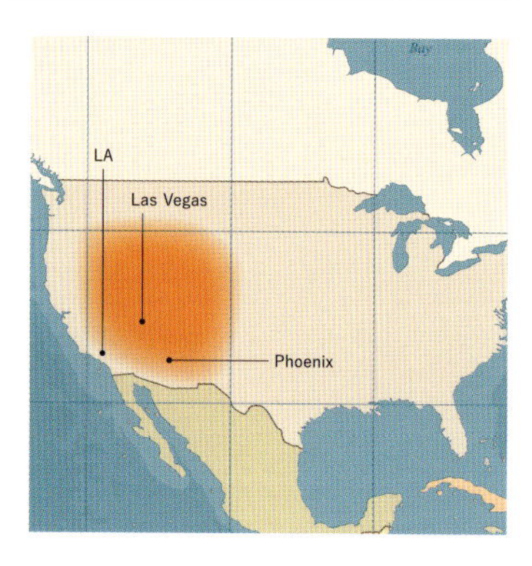

アメリカ合衆国・南西部

サボテンや多肉植物は熱帯原産と思っている人も多いが、日本と同じ中緯度のアメリカ合衆国にも多数の魅力的な種が分布する。その多くは、内陸の乾燥地で夏は摂氏40度を超える炎暑、冬は積雪や氷点下の極寒に耐えて生きる。LAやPhoenixから100キロあまりドライブすれば、そこはサボテン、多肉植物の王国だ。アガベにジョシュアツリー、巨大な柱サボテンが林立する。岩陰には小さなマミラリアの姿もある。北はカナダにまで分布するサボテンだが、南へメキシコ国境に近づくほど、その多様性は増していく。

Agave utahensis subsp. *eborispina*

Ferocactus wislizeni

Pediocactus peeblesianus subsp. *fickeisentiae*

Sclerocactus polyancistrus

Pediocactus sileri

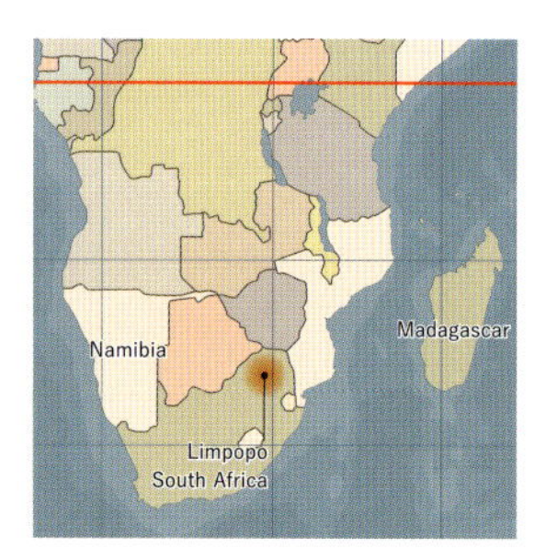

南アフリカ共和国、リンポポ州
(南アフリカ南東部)

リンポポは南アフリカ共和国の大都市、プレトリアの北西に位置する州。この本で紹介しているコミフォラなどの自生地として知られる。年間を通じてふんだんに日ざしが降り注ぐが、標高が高いエリアなので、昼間は温暖であっても夜は冷え込む。

Delonix regia

Sesamothamnus lugardii flower

Adansonia digitata

Sesamothamnus lugardii

Sesamothamnus lugardii

Othonna furcata

Othonna clavifolia

Othonna lasiocarpa

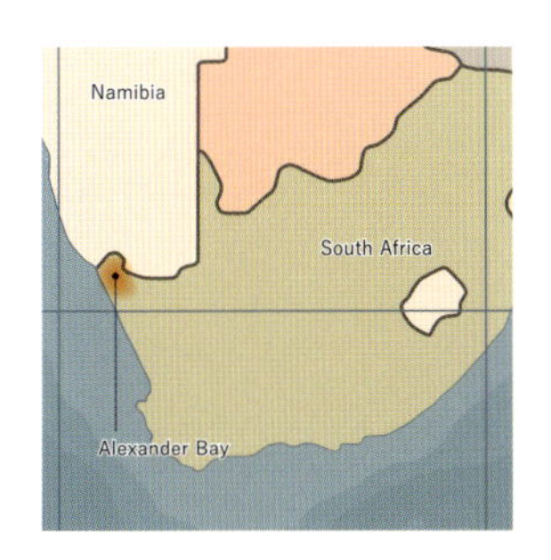

南アフリカ共和国、アレクサンダーベイ（南アフリカ西部）

南アフリカ共和国の最西端、ナミビアとの国境を接するアレクサンダーベイは、年間を通じて各月の降水量は1～8mm程度という非常に乾燥したエリア。オトンナやペラルゴニウムは、一年の多くの時期を非常に強い乾燥と日ざしに晒されながら、比較的雨が多い冬（5～9月）を待つ。

Monsonia patersonii

Monsonia herrei

Pelargonium carnosum

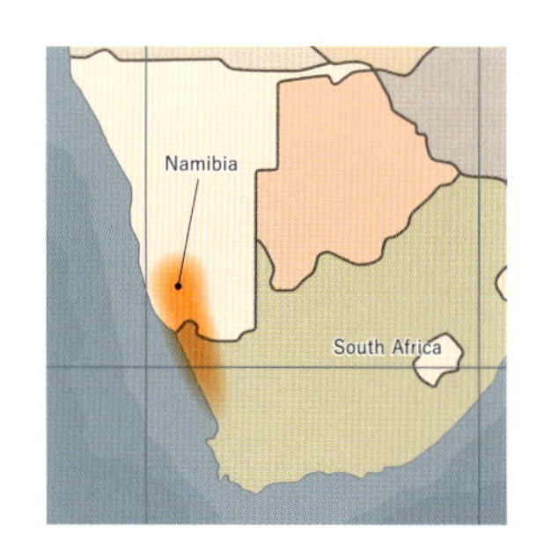

南アフリカ共和国・ナミビア

南アフリカからナミビアにかけては、多肉植物ファンの聖地だ。アロエにハオルシア、リトープスにコノフィツム、ユーフォルビア…。数多くのコーデックスプランツもこの地域に特産する。また、不思議な姿のケープバルブたちの故郷でもある。南アフリカはエリアによって降雨期が異なるが、これらの多くは秋から春にかけて雨が降る場所に生きる冬型植物である。

Aloidendron pillansii

Monsonia patersonii

Fenestraria rhopalophylla subsp. *aurantiaca*

Euphorbia multiceps

Dipcadi sp.

Eriospermum paradoxum

Pelargonium crithmifolium

Crassula columnaris

インドネシア、スマトラ島

マレー半島の南に浮かぶ、雨林植物の楽園。全土が熱帯雨林に覆われているが、3000m越えの山岳地帯の気候は冷涼。サトイモ科植物やベゴニアは、まだまだ新種が見つかると考えられている。

Leea sp.

Rhizanthes deceptor

Labisia sp.

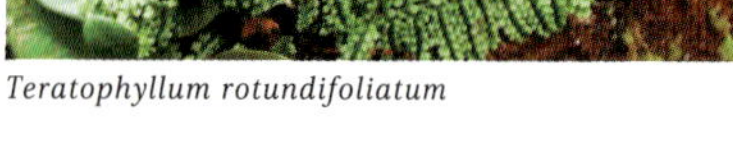

Teratophyllum rotundifoliatum

Cystorchis sp.

Euphorbia canariensis

Euphorbia balsamifera

E. canariensis,E. balsamifera,C. fusca

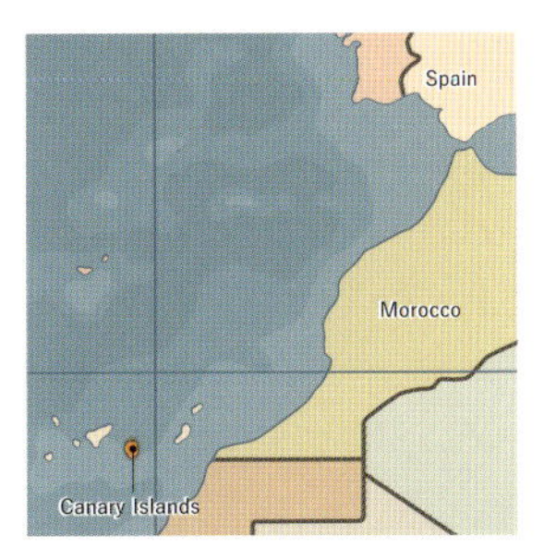

スペイン、カナリア諸島
（アフリカ大陸北西洋上）

アフリカ大陸、モロッコの西洋上に浮かぶ島々は、アエオニウムの仲間や竜血樹の自生地として知られる。外海から隔絶された土地ならではの特殊な植物の宝庫。地域により砂漠気候と亜熱帯地方の場所がある。

Euphorbia balsamifera

Ceropegia fusca

Lophophora fricii

メキシコ中央高地

メキシコの中央高地はサボテンの多様性が一気に爆発するエリアだ。巨大な柱サボテンや樽型の強刺類だけなく、岩に擬態するアリオカルプスや、刺のかわりにメズカリンで身を守るロフォフォラまで、魅力的な顔ぶれが揃っている。またメキシコはアガベの聖地でもあり、様々なコーデックスの故郷でもある。

Aagave striata purpurea

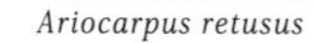
Ariocarpus retusus

Turbinicarpus alonsoi

Agave victoriae-reginae

Echinocactus grusonii

ゲはフィギュアです

Aaztekium ritteri

Echinocactus texensis

ワイルドサイドを歩け

Text written by Shabomaniac!

栽培している植物の写真を撮らせて欲しい、と話があったのが去年の終わり頃。いつの間にか本作りそのものをお手伝いすることになりました。子どもの頃から四十年、植物と向き合って感じてきた楽しさ、感動や驚きを、これから植物を育てようと考える人に伝えられたらと思います。それは、この本のタイトル「ビザールプランツと生きる」にもこめられています。植物を種から育てて、物語を一緒に生きていくスタイル。そして、野生株の最高のかっこよさをリスペクトして、彼らが生きる自生地の環境を率先して守っていこうという提案です。

栽培場の眺め。写真上は奇想天外（*Welwitschia mirabilis*）。下はアロエ・ポリフィラ（*Aloe polyphylla*）、いずれも実生育成株。

さて、僕の植物との向き合い方やコレクションも、最初は多くの人と同じで、「他者の欲望の模倣」から始まりました。図鑑に出ている立派な株と同じものが欲しいという気持ち。いまで言えば、インスタグラムで見かけたあれが欲しい、みたいな感じでしょうか。しかし、だんだん人の後を追うコレクションには飽きてしまいました。

そのかわりに僕が目を向けたのは、誰も持っていない植物。見たことのない植物。そして栽培困難と言われる植物です。どこの温室にもないものを育ててみたい･･･欲深い僕の心を最初にロックオンしたのは、"北米難物種"と呼ばれるカクタスでした。かつて有名な専門誌「シャボテン」に栽培名人の座談会が載っていて、「生えない、育たない、すぐ枯れる」と連呼されていたのが、白紅山（白虹山･･･*Sclerocactus polyancistrus*）や英冠（*Echinomastus johnsonii*）、天狼（*Pediocactus sileri*）といった名品。ため息をつくほど美しくサボテン界の頂点に君臨する種だが、気位が高すぎて栽培は不可能だと言うのです。当然、同好会のセリにも出ないし、専門園でもまず売っていない。手に入るとしても種子くらいです。仮にそれを蒔いても、花が咲く標本に育つまで何年、何十年かかるのか分かりません。でも、当時は若者で未来はたっぷりあり、目標が遠いほどワクワクしました。

それ以来、いまに至るまで“北米難物”とのつき合いは続いていますが、今振り返ると、実際には種子から育てるのが一番の近道でした。彼らが望む光や風、好きな季節や乾湿の塩梅といったものが、小さな苗に目を近づけて観察しているうちに見えてくるのです。というのは、環境があわなくても大きな株はすぐに倒れたりしませんが、幼苗はすぐに枯れたり徒長してダメになる。実生育成の試行錯誤を繰り返すうち、植物のコンディションを敏感に察知できる感覚が備わってくるのです。

とは言え、憧れの白紅山や天狼を、種から接ぎ木をしないで花咲く標本に育て上げるまでには、たっぷり二十年かかりました。ある植物を「栽培に成功した」と認定する基準をどこに設けるかは議論がありますが、僕は種子から育成した株が開花して、結実し、その種子から次世代が誕生するところまで漕ぎ着けた時だと捉えています。そういう意味では、三十年以上取り組んでも、まだゴールさえ見えない植物もたくさんあって、飽きることがないのです。

さて、僕はそもそも欲深いので、面白いと思った植物の種子は、手に入ればなんでも蒔きます。90年代以降は、インターネットで世界中に手が伸びて、難物珍品に限らず、毎年100種、200種と実生を続けてきました。世間での人気には関係なく、自分の感性に訴えてくるものを気の向くまま蒔い

毎年、世界から取り寄せた種を蒔いている。小さな鉢に少しずつ何種類も。パキポディウム・光堂（*Pachypodium namaquanum*）の実生1年苗。

ているので、栽培場には珍品難物もあれば、駄物も満作。そして棚に並ぶ植物の8～9割は自分で種子から育てたものです。例えば今ではふつうに手に入るパキポディウムのグラキリウスや恵比寿笑いも、輸入株が入らなかった時代に種から育ててきました。この属などは、実生育成でもワイルドに劣らない標本に育ちますから、自生地を根絶やしにするような採取は必要がありません。栽培家ひとりひとりに野生植物へのリスペクトがあれ

ば、野生植物の入手には自制の気持ちが働くはずだし、厳密な法規制などに依らずとも、自生環境を守ることは出来ると信じたいです。

自生地への旅では未舗装の道を何時間も走る。途中、誰とも出会わない。デスバレーを見下ろす山で出会った白紅山（*Sclerocactus poiyancistrus*）

栽培場でも、育てるうえでの目標は自生地の植物の野生的な姿です。春秋の植え替え、晴れた日の水やり、そんな時に鉢を抱いて思い描くのは、目の前の植物の姿だけでなく、その珍奇な姿を必然として求めた自生地の過酷な環境…沙漠の岩山や荒野の風景です。どの国の、どの山脈の岩山の、どちら向きの斜面に生えているのか。地質はどうか。光や風は。雨はいつ降るのか。実際にそれを間近に見て、体感したいという思いから、先にも書いた北米難物サボテンの故郷を、何度も訪ねました。僕の会いたい植物は、いわゆるサボテン多肉ツアーの行き先には入っていません。断片的な情報だけを頼りに、たった１種類のサボテンを見るため何もない荒野を何日もさまよう。砂埃にまみれながら石ころ沙漠を這い回り、ついに、親指くらいしかないその植物を見つけたときの感激は言葉にならないほどでした。皆さんもぜひ、自分が愛してやまない植物の故郷を訪ねて、彼らの本来の生き様をその目で確かめてみて下さい。

そうして瞼に焼き付けた野生株の姿を、植木鉢のなかに表現するのが、僕にとっての園芸です。植物は単なるオブジェではなくて、その荒々しくエキゾチックなフォルムには、人智を超えた地球の物語が刻まれている。それを感じとり、読み解くのが、植物と生きることの醍醐味です。種から育てあげた苗が、さながら野生株のように鋭く刺をのばし、鮮やかに花ひらくとき、都会のガラス温室は、無辺の荒野とひと続きの風景になります。その途方もない時間空間に身をまかせ、植物たちと心を通わせてしまったら、もう現実の世界には戻ってこられないかも知れません。…そんな体験を、ぜひご一緒に。

珍奇植物図鑑Ⅰ 多肉植物他

独特な進化を遂げた珍奇な植物たち。この章では、サボテンやメセン類など、自生環境の厳しさに適応して葉や茎に水分や栄養分を貯える姿を獲得した植物たちを紹介。また、地上には見えない根の部分に顕著な特徴がある種や、不思議な形、鮮やかな色彩の葉を持つ熱帯雨林の植物まで、多種多様な形態に進化した珍奇植物たちが登場します。

スクレロカクタス・白紅山（白虹山）

Sclerocactus polyancistrus

その名のとおり、赤く先端が鉤状の長い刺と、白く真っ直ぐな刺が入り乱れるように球体を包み、古くから『最も刺の美しいサボテン』と言われてきた。マゼンダの大輪花も目を惹く鮮やかさだ。アメリカ・ネヴァダ州南西部からカルフォルニア州南東部に分布し、自生地では砂漠地帯の岩の多い場所に生える。多くは石灰岩土壌の場所であるが、そうでない場合もある。栽培困難種としても有名で、接ぎ木で維持されることが多い。その場合は柱サボテンよりも、自生地が重なるフェロカクタス属の鯱頭などに接ぐとバランスの良い標本に育つ。写真は正木で、実生から10年以上経っている株。年間にわずか3回ほどの水やりで維持している。

白紅山の開花。この属ではもっとも大輪で、花径は10ｃｍに達する。色は金属光沢のあるマゼンダで中央部は緑色がかっている。

極限の環境に適応した個性豊かな植物群

サボテン科は125～130属の属からなり、亜種等も含めると数千種があると推測されている大きなグループ。しばしば、「サボテンと多肉植物」などと呼ばれるが、本来はサボテンも多肉植物のなかの１グループで、圧倒的な存在感から分けて扱われるようになった。

自然界では新世界の生態系で重要な位置を占めていて、分布範囲は北米カナダから南米パタゴニアまで、標高では海岸沿いからアンデスの5000m付近まで、環境的にも砂漠の岩山から鬱蒼とした熱帯雨林までと実に幅広く、その適応能力の高さを物語っている。

大部分の種は降雨量の少ない地域か、雨量があっても崖や樹上など乾燥しやすい場所に生えるため、わずかな水も無駄にしない特殊な体と生理的な仕組みを備えている。多くのサボテンは葉が無いか、あっても短期間で落葉し茎で光合成をおこなう。また円柱形・樽型・球形に育つか、ウチワサボテン属のように円形の茎節が連なった形状となる。これらは、表面積を減らし蒸散による水分のロスを防ぐためと考えられる。

サボテン科の特徴である刺は、葉または葉の一部が変化したもので、他の多肉植物に見られるような枯れた茎や表皮が変化したものとは構造が異なる。また刺は『刺座 Areole(アレオーレ)』と呼ばれる器官から生えていて、これは著しく短縮した茎と考えられている。刺の付け根の綿毛が生えたような部分がそれで、刺のない種類のサボテンにも刺座は存在する。また刺は、その形態や色彩がさまざまで、鑑賞上の重要な要素にもなっている。サボテン科の花は、植物本体に比べ、大きく色鮮やかなものが多い。そのため花の鑑賞を目的に育種されたグループもある。

サボテンの故郷、アメリカ大陸の先住民は薬用や果樹・楽器・捧げもの・家畜の餌・生垣などサボテンをさまざまな用途に用いて生活・文化の中に取り入れてきた。いま、鉢植えにも適したサボテンは園芸植物として世界中に愛好家がいるが、その人気が災いして過剰な採集を受けることも多く、また分布が限られる種類も多いことから、ワシントン条約によって科レベルで国際取引を規制されている。

ストロンボカクタス・菊水
Strombocactus disciformis 'cristata'

メキシコのシエラ マドレ オリエンターレ山脈南部(グアナフアト州北東部～イダルゴ州北西部)に分布する小型のサボテン。石灰岩や頁岩の垂直に近い崖や急斜面に生える。垂直な崖面にはりついて発芽しやすいように、種子はごく細かい。このため播種時は、種が流れず、乾かないようにする工夫が必要だが、最初の数年を越えれば栽培は難しくない。自生地は限られており、違法採集を原因とする個体数の減少が現在も続いている。そのためワシントン条約付属書Ⅰ類に指定されている。再輸入は望めないので、今ある系統を絶やさぬ努力が必要な種である。細い刺が数本生えた菱形のイボが整然と並ぶ姿が独特で、地下には塊根状の太い根が伸びている。自生地では単頭であることが多く、群生株はあまり無い。花は淡いピンクか白花が普通だが、濃いローズピンクの花を咲かせる個体群が見つかり、赤花菊水と呼ばれている。果実が独特で、裂開して非常に細かな種子をこぼす。写真の個体は綴化(てっか･･･cristata)と呼ばれ、成長点が帯状に連なる貴重な変異体で、見事な大株である。

アズテキウム・花籠
Aztekium ritteri

石ころのような硬い肉質で、成長も遅くてほとんど動かない。だが、春が来ると薄紅色の小さな花をほっこりと咲かせて、生きていることをしっかりアピールする。メキシコ北東部のヌエボレオン州の特産。標高800〜1000mの山地にある石灰岩の峡谷の切り立った、あるいは急勾配の崖に生える。日陰がちな北面に多いと言う。元来、一属一種だったが、近年になってヒントニー(*Aztekium hintonii*)とバルデジ(*Aztekium valdezii*)が記載された。いずれも刺は小さくて目立たず、表面は固く本種を特徴付けている複雑なシワに覆われている。成長は大変に遅く、実生からの育生には根気がいる。この株は、40年近く栽培した古い輸入球で、頭をはねて仕立てたものではなく自然に子吹きするままにしたもの。

ペディオカクタス・天狼
Pediocactus sileri

アリゾナ、ユタの州境付近の限られた範囲にのみ分布し、かつてユタヒア属(Utahia)に分類されていた。自生地は他の植物がほとんど見られない荒涼とした場所で、標高900〜1600m。塩分を含む石膏質の粘土の場所に見られる。深い緑色の球体を灰色の刺で武装し、新刺の尖端は墨色。花は淡黄色で春に咲く。古くから『最も栽培が難しいサボテン』と言われる。根が弱く腐りやすいが、接ぎ木すると間のびして風格が出てこない。写真の株は種子から20年育てたもので、年間の水やりは3、4回のみ。何百粒と種子を播いてここまで育った株は僅か数本だ。天駆ける狼を飼い慣らすのはたやすくない。

アリオカルプス・連山
Ariocarpus fissuratus (syn. *Ariocarpus* 'Lloydii')

アメリカ・テキサス州南西部からメキシコ中北部まで広く分布する亀甲牡丹（*Ariocarpus fissuratus*）の地域タイプ。基本種は疣に多くの皺や溝が刻まれているが、このタイプは疣の表面が平らで、中央に溝がないことが特徴。日本国内では疣が大きく丸いものが好まれ、選抜育種されてきた。写真の個体はその成果のひとつで『大疣連山』と呼ばれている。

フェロカクタス・鯱頭
Ferocactus cylindraceus

フェロカクタス属などの大きく目立つ色彩や形の刺を持つサボテンの一群を『強刺類』と呼んでいるが、本種は燃えるような赤い刺が古くから好まれてきた代表種。アメリカ南西部とカリフォルニア半島・メキシコのソノラ州に分布する。花は黄色で春から初夏に咲く。美しい刺を発生させるためには、強い光線と昼夜の温度差が重要。多湿で風通しが悪いと刺座から分泌される蜜にカビが生じて汚れてしまう。

アリオカルプス・青磁牡丹
Ariocarpus retusus

アリオカルプスの各種は、疣をロゼット状に展開する姿から「牡丹類」と呼ばれるが、その代表種の一型。メキシコ・チワワ砂漠の標高1300〜2000mの高原地帯で石灰岩地の石に覆われた地面に半ば埋もれるようにして生える。葉のように見えるのは長くなった疣で、産地によって疣の大きさと長さ・丸みや色合いが異なる。地下には塊根がある。

エキノカクタス・大竜冠
Echinocactus polycephalus

太く硬い刺で武装する名高い強刺サボテンだが、成長がごく遅いため、栽培例は少ない。アメリカ南西部とメキシコ・ソノラ州に分布する。自生地は年間降水量130ミリに満たないような乾燥地で、岩場や岩の多い丘の斜面に生える。一頭が40〜60cmになり群生して20〜30頭立ちにもなる。「多数の頭」を意味する学名はこの姿を表現している。写真は実生育成株。

アリオカルプス レツーサス・岩牡丹
Ariocarpus retusus

国内で『岩牡丹』『玉牡丹』『花牡丹』といった名で流通しているアリオカルプスは、みなレツーサスにあたるが、その典型的な個体。この属は、疣の大きさを求めて育種が続けられているが、この個体は原種に近い古典的なタイプ。長年の作り込みで瓦を積み重ねたような風格ある姿になった。

ペレキフォラ・銀牡丹（松毬玉）
Pelecyphora strobiliformis

松毬玉の名が示すように、菱形の疣が体を覆って松ぼっくりを思わせる形が特徴的である。自生地では単頭か2～3頭立ちの小さな株立ちとなる。地下には大根を小さくしたような塊根が発達する。成長は非常に遅い。花は鮮やかなマゼンダ色で地味な株の色と対照的である。メキシコ高原の東縁、シエラ マドレ オリエンターレ山脈の中部（タマウリパス州南西部～サステカス州北東部）に分布する。最初の産地は過剰な採集により壊滅状態となり、各個体群も大きくは無いため違法採集が最大の脅威となっており、ワシントン条約で付属書Ⅰ類に指定されている。写真の株は長年の丹精による見事な群生株。

ユーベルマニア ペクチニフェラ エリオカクトイデス
Uebelmannia pectinifera var. *eriocactoides*

2010年に記載された新しい変種。ブラジルのミナスジェライス州のエスピニャソ山地 Serra do Espinhaço で発見された。自生地は標高700～1100mの草や潅木にまばらに覆われた岩の多い山の斜面で、南向きの岩の割れ目に生える。若い個体はこのように金色に輝く細かな刺に覆われて大変美しく、その名のとおり金晃丸（*Eriocactus leninghausii*）を想起させる。成熟した株は打って変わって灰色の長い刺と青磁色の肌を持つ。高さは最大で80cmに達し、円柱形になる。枝を出したり群生することは無く通常は単頭であるようだ。花は黄色で小さい。国内に導入されて間も無いので、これからの普及が期待される。

ギムノカリキウム・新天地錦
Gymnocalycium saglionis Variegated

サボテン科は、各種に斑入りが出現しており、園芸的に珍重されている。そのなかで新天地錦は戦前から親しまれる古典的なもので、大柄の疣に散った鮮やかな斑は時代をこえて美しい。基本種はアルゼンチン北西部に分布。株は単頭で、やや平らな球形で高さは普通30～40cm、最大で90cmに達する。花は白から薄いピンク色で、成長期間中に何度か開花する。

ユーベルマニア ペクチニフェラ
Uebelmannia pectinifera subsp. *pectinifera*

ブラジル東部のミナスジェライス州にある町ディアマンティーナ Diamantina の北東部にのみ分布する。自生地は標高1000～1200mの岩の多い山地で、低木や藪にまばらに覆われた岩場の岩の割れ目などに生える。アルカリ性の強い土壌を嫌う。馬のたてがみを思わせる櫛状の黒い刺が整然と並んだ稜が特徴で、紫がかった肌には独特の質感がある。自生地では通常は単頭であり、このような群生株は栽培による丹精の結果である。

ロフォフォラ・銀冠玉綴化
Lophophora fricii'cristata' (syn. Lophophora williamsii var. decipiens)

お饅頭のような柔らかな球体は、刺のかわりに房状の毛の束で覆われている。独特の姿でファンの多いグループだが、濃いピンクの花を咲かせる本種は最近とくに人気がある。メキシコ北部・コアウイラ州南部などに分布する。自生地は標高1000〜1600mの乾燥した高原地帯で、石灰岩地にある粘土質の土が詰まった岩の割れ目などに生える。成長は遅いがいくつかの茎が伸びて株立ちになるのが普通である。地下には太い株のような塊根がある。写真の個体はその珍しい綴化。従来、変種デキピエンス *var. decipiens* の名は花が小輪で色が薄いタイプに対して付けられたが、現在では変種フリチーの範疇に含まれると考えられている。

ロフォフォラ・烏羽玉
Lophophora williamsii

テキサス州南西部からメキシコ北東部に広く分布する。自生地は標高100〜1500mの草や藪の生える石灰岩地の丘で、粘土質の土に半ば埋もれるようにして生えている。やはり肉質は柔らかく、表面は全体に白粉を薄く帯び、刺はなく代わりに薄茶色の毛が房になって生えている。最初は単頭だが、成長するに従って群生するようになる。地下には太いカブ状の塊根がある。花は薄いピンク色で、主に夏に開花する。精神活性物質のメスカリンを始め多くのアルカロイド物質を含むことで有名であり、先住民族は神聖な植物とみなして宗教儀式に用いてきた。彼らは採集するとき根こそぎにするのでは無く、茎の上部数ミリだけを切り取ることで資源としての維持を図っていた。

テフロカクタス・槍武者
Tephrocactus aoracanthus DJF474

テフロカクタスは南米原産のウチワサボテンの仲間で、丸い茎節を重ねてコンパクトに育つので、鉢植えに適している。最近、人気が出たゲオメトリクスもこの属に含まれる。槍武者は針状の長い刺をふりかざすのが特徴だが、この個体は花が帯状に綴化した珍しいもの。花つきには個体差があり、長年挿し木繁殖された個体は咲きにくい傾向がある。

アウストロキリンドロプンチア ラゴプス
Austrocylindropuntia lagopus (syn.Austrocylindropuntia malyana)

全サボテンで最も高い標高の場所に生える種で、アンデス山脈の中部、ペルー南部からボリビアの標高4000mから5000m付近の寒冷な草原に生える。サボテンの中では珍しく円柱形の葉をつける。茎には長い毛が密生してまるで綿毛をまとったように見えるのが特徴。この茎は分枝しながら密集して直径１〜３mの小山のようなクッション状の群生となる。サボテンのなかの高山植物で栽培困難なため、接ぎ木で栽培されていることが多い。よく似た*Austrocylindropuntia floccosa*としばしば混同されるが別種である。

テフロカクタス・長刺武蔵野
Tephrocactus articulatus var. papyracanthus KFF1249

アンデス山脈東麓の標高200〜600mの灌木や藪が所々に茂る半砂漠地帯の緩やかな斜面や平坦な場所に生える。「昼のミサ」という名で流通することもある。学名のパピラカンサスは『紙の刺』の意味であり、この刺は長さと幅・よじれ具合に個体差がある。高さは30cmほどになるが、茎節は折れやすく、また折れた節は容易に発根する。白か薄い黄色の花が咲く。

スクレロカクタス・黒虹山ブライネイ

Sclerocactus spinosior subsp. *blainei*

基本種の黒虹山はユタ州西部に広く分布するが、この種の自生地はユタ・ネヴァダ州境付近の数カ所しか知られていない。黒虹山より小型で、白と黒のリボン状の刺が絡み合うように密生し、大変美しいが、これは周囲の枯れ草への擬態と言われる。接ぎ木すると間延びして美しさが損なわれる。

スクレロカクタス・彩虹山

Sclerocactus parviflorus

⬆いわゆる「北米高山サボテン」の仲間で、コロラド、ユタ、アリゾナ、ニューメキシコの４州に分布。標高1500～2000mの草原や針葉樹からなる疎林などに生える。多くは夏場でも軽井沢のような涼しい風が吹く場所だ。この種は分布域が広く刺や花の変化に富み、いくつかの亜種や変種に分ける見解もある。写真の個体は種子から7～8年育成したもの。

エキノマスタス・英冠

Echinomastus johnsonii

⬈イガ栗のように密生した刺は、赤、黄色、オレンジとカラフルで美しい。強刺サボテンの難物種として古くから有名な植物。アメリカ南西部の砂漠地帯で、岩や石の多い場所にに生える。通常ピンクの花が咲くが、黄花の個体群もあり変種ルテスケンス ssp. lutescens として区別されている。夏に根が傷みやすく灌水は控えめにする。この株は種子から十数年間育てたもの。

トウメヤ・月の童子

Sclerocactus papyracanthus (syn. *Toumeya papyracantha*)

➡アメリカのアリゾナ、ニューメキシコ、テキサス州に分布。乾燥した丘陵地帯でイネ科植物の草原などに生える。小指ほどしかない小さなサボテンで、紙状の刺で周辺の枯れ草に擬態するため野生植物の発見は難しい。いわゆる難物の中では育て易く写真の株でタネから5年ほど。

ペディオカクタス デスパイニー
Pediocactus despainii

ユタ州中央部の特産で、確実な自生地は2箇所しか知られていない。標高1500〜1800mの高原地帯にあるイブキ属の針葉樹からなる疎林にある、石灰質に富んだ石の多い草原に生える。茎の高さ約4〜10cmの小さなサボテンで、休眠中には縮んで半ば地面に潜ってしまう。地下にはゴボウ状の太い根が伸びている。花は春に咲く。ペディオカクタス・ウィンクレリーと近縁であることが知られている。花の咲いていないとき、自生地でこの植物を探すのは極めて難しい。自生地では概ね単頭だが、栽培環境下では実生正木でも、こうした群生株に育てることもできる。

ペディオカクタス・斑鳩
Pediocactus peeblesianus subsp. *fickeiseniae*
(syn. *Navajoa peeblesana* var. *fickeisenii*)

グランドキャニオンとその周辺地域に分布する。標高は1200〜1600mの高原地帯で、乾燥した半砂漠のメサや峡谷の縁にある石灰岩質の礫が多い斜面に生える。休眠中は縮んで半ば地面に埋まってしまう。直径1.5〜5cmの球形で、コルク質の比較的太い刺が特徴。周辺の枯れ草に擬態している。飛鳥とは刺の違い等で区別されるが、差異は明確ではない。端正な刺姿はとても魅力的だが、成長が遅く、この個体も種子から十数年育てたもの。でも、その価値がある植物だ。

ペディオカクタス ウィンクレリー
Pediocactus winkleri

学名は発見者のアグネス・ウィンクラー夫人 Mrs. Agnes Winkler への献名である。刺座を覆う白い羽毛が特色で、綺麗につくるとロフォフォラ属のような姿になる。ユタ州中央部に特産し、標高1500〜2100mの半砂漠の高原で、イブキ属の針葉樹からなる疎林や草がポツポツと生えた緩やかな斜面に生える。土壌は石や砂利の多いアルカリ性のものである。休眠中にはほとんど土の中に埋もれる。早春咲きの花は薄いピンク〜オレンジで、とても愛らしい。

スルコレブチア タラブコエンシス
Sulcorebutia tarabucoensis (syn. *Rebutia canigueralii, Sulcorebutia canigueralii*)

コンパクトな姿と花の美しさ、変化の多さから、欧米では専門に集める人も少なくない。多くはアルゼンチン、ボリビアの標高3000m以上の高山地帯で岩の多い斜面に生える。少数の群生に育ち、茎は高さ２～５cmほど、根は太く塊根状に発達する。華やかな花は春に咲き、直径３～５cm、３～４日間咲いている。赤色の他に黄色、黄色に赤の縁取りになるものがある。

エスコバリア アルビコルムナリア
Escobaria albicolumnaria (syn. *Coryphantha sneedii*)

エスコバリア属には、ガラス状の白刺に包まれる繊細で美しい種が多い。この種はテキサス州南西部からメキシコのチワワ州東部･コアウイラ州北西部に分布する。針葉樹の疎林がある石灰岩地の岩場や岩の多い斜面等に生える。真っ白な刺に覆われた茎はしばしば群生し、30cm以上の株立ちとなる。上品なピンク色の花は春に開花する。比較的寒さに強い。成長が遅く生産ベースに乗りにくいため、意外に入手が難しい。

オプンチア フラギリス‘フライベルク’
Opuntia fragilis ‘Freiberg’

小さなウチワサボテンの仲間で、高さは２～10cmでマット状に茂る。アリゾナ州北部からカナダのブリティッシュコロンビア州、ミシガン州西部からワシントン州まで、広大な地域に分布する。サボテン科の植物としては最も北に到達した種で、極めて寒さに強く低温下での多湿にも耐える。‘フライベルク’は赤い花の咲く栽培品種で、この他にも明るいオレンジ色や淡い黄色の花を咲かせる栽培品種がある。

マイフエニオプシス オヴァタ
Maihueniopsis ovata

この属はしばしばテフロカクタスと混同されるが、分布域も特徴も異なる。一般にテフロより高標高に生えている。本種はチリとアルゼンチンでアンデス山脈を挟んで分布する。標高1000～2800mの高原や高山にある岩の多い斜面に生える。円錐形の茎が密集し高さ10cm、直径50cmほどの群生となる。地下には塊根があって、テフロカクタス属の根とは異なる。この個体は種子から育てて15年経ったもの。夏の暑さにやや弱い。

マミラリア ルエティー
Mammillaria luethyi

マミラリア ベルトルディ
Mammillaria bertholdi

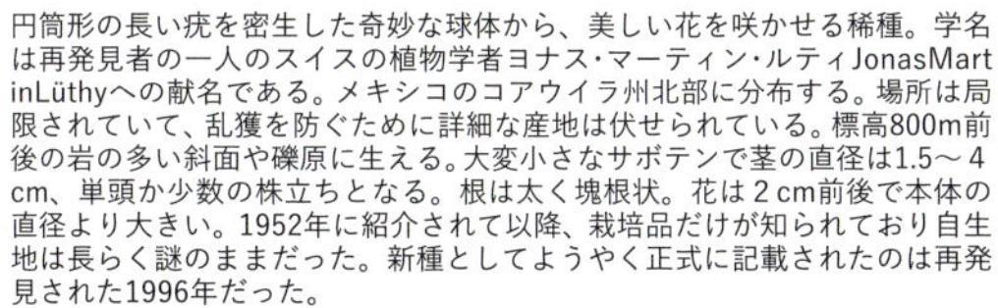

円筒形の長い疣を密生した奇妙な球体から、美しい花を咲かせる稀種。学名は再発見者の一人のスイスの植物学者ヨナス・マーティン・ルティJonasMartinLüthyへの献名である。メキシコのコアウイラ州北部に分布する。場所は局限されていて、乱獲を防ぐために詳細な産地は伏せられている。標高800m前後の岩の多い斜面や礫原に生える。大変小さなサボテンで茎の直径は1.5〜4cm、単頭か少数の株立ちとなる。根は太く塊根状。花は2cm前後で本体の直径より大きい。1952年に紹介されて以降、栽培品だけが知られており自生地は長らく謎のままだった。新種としてようやく正式に記載されたのは再発見された1996年だった。

2014年に記載されたばかりの新種である。メキシコ南部のオアハカ州南部、南マードレ山脈SierraMadredelSurの東端付近に分布し、本種もまた乱獲を防ぐために詳細な場所は伏せられている。標高1400〜1600mの高原地帯で、疎林の広がる岩の多い山の斜面に生える。自生地では刺のある部分以外、ほとんど土に埋もれている。肌は濃い緑色で直径は5cmほど、単頭で株立ちにはならない。根は塊根。花はピンク色からマゼンタで、疣と疣の間から咲く。この個体は実生3〜4年経ったもので、直径は2cmほどだが開花可能な親株である。

マミラリア・月宮殿
Mammillaria senilis

ガラス細工のような純白の刺に、深紅の花が強烈な印象を与える植物。メキシコ西部の西マードレ山脈SierraMadreOccidental南部に分布する。自生地は標高2400〜2800mの山地に広がる松林の中の岩場に生える。全体を真っ白な細い刺が密に覆い、長く伸びた刺の先端は鉤状に曲がっている。茎は球形で高さ10〜15cm、数頭立ちから10頭ほどの塊状に育つ。花は鮮やかな赤い色、稀に白色でラッパ形。これはハチドリによって花粉が運ばれるためである。高山性のマミラリアで蒸し暑さに弱い。写真の個体は実生5年ほど。

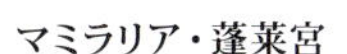

マミラリア・蓬莱宮
Mammillaria schumannii

カルフォルニア半島の南端付近の特産で、標高0〜500mの岩場や岩の多い斜面に生える。茎は高さ2〜5cmの小さなサボテンで、数頭から十数頭の株立ちになる。灰色を帯びた青緑色の肌も独特で美しい。刺は先端が鉤状に曲がっている。花は普通ピンクからマゼンタ色で、稀に白。栽培条件下では大変花つきが良く、このように群開するので見事である。繊細な性質のものが多いカギ刺マミラリアのなかでは丈夫な種。

エキノカクタス・金鯱
Echinocactus grusonii

サボテンに興味のない人でも知っている有名種で、世界中で多量に栽培されている。だが、自生地のメキシコのケレタロ州・モクテズマ渓谷はダム湖に沈み、野生個体は極めて稀少になっている。最近、新たな自生地が約500キロ離れた場所で見つかった。大型のサボテンで、直径40～80cm、高さは20～130cmに達する。花は黄色で小さい。刺の色・長さ・伸び方などでいくつか栽培品種が成立し、最近ではこれらを蒐集する人も増えている。写真は左から『プラチナ金鯱』、中央は『王金鯱』、右が『狂刺金鯱』と呼ばれるタイプ。

ピエールブラウンニア
バイーエンシス
Pierrebraunia bahiensis
(syn. Arrojadoa bahiensis)

⬆学名はドイツ人の農学者でサボテンの専門家ピエール・ジョセフ・ブラウンPierreJosefBraun(1959生)への献名と原産地のブラジル・バイーア州から。標高約1000～2000mの断崖の上や岩棚に生える。アロヤドア属(Arrojadoa)に分類する考え方もある。特徴的なのは花で、茎の先端付近に群れ咲いて花冠を思わせる。形は筒型でマゼンタからピンク色の部分は萼で、内部に覗く花弁は白い。

コピアポア ラウーイ
Copiapoa laui (syn. Copiapoa hypogaea subsp. *laui)*

⬈有名な黒王丸と同じコピアポア属、と言われると、初見の人は驚く。自生地は黒王丸と同じチリ・アタカマ砂漠。属中最小の種で径は1～３cm、球形で石や岩の多い土の中にほとんど埋もれて生きている。地中には巨大な塊根が発達する。2015年の分子系統分析の結果は、本種がコピアポア属中の他のどの種からも孤立していることを示した。

ブロスフェルディアナ・松露玉
Blossfeldia liliputana

➡古くから「最小のサボテン」として有名な種。学名はドイツ人の植物学者でランとサボテンの専門家ハリー・ブロスフェルドHarryBlossfeld(1913～1986)への献名と、本種が大変小さいことをガリバー旅行記に登場する小人族の呼び名に託したものである。ボリビア南部からアルゼンチン北西部にかけてのアンデス山脈に分布する。自生地は標高1100～3600mで、岩の割れ目や亀裂に半ば埋まるようにして生える。茎の直径は1～２cmしかないが、しばしば群生する。花は黄色～純白で、大きさと形に産地による違いがある。

アストロフィツム・白ランポー玉
Astrophytum coahuilense

端正な５稜の球体は、ビロード状の厚い白点に覆われて緑の部分は見えない。メキシコ北部のコアウイラ州南西部とドゥランゴ州北東部の一部に分布する。自生地は標高1100〜1600mの高原地帯で、草や潅木の生える石灰岩地の岩場や岩の割れ目に生える。花は黄色で、花底の部分は赤い。形のよく似たランポー玉（*A.myriostigma*）は、黄花で、交配しても種子がつきにくい。これは古い輸入株で40年近く栽培しているもの。高さは40cmに達している。稜が厚く丸みを帯びて豊満な良形。

アストロフィツム・兜
Astrophytum asterias

テキサス州南部からメキシコ東北部のヌエボレオン州・タマウリパス州北部に分布する。自生地は標高20〜200mの半砂漠の平原で、丈の低い草や潅木の生える地面に半ば埋もれて生えている。直径は5〜16cmになるが、高さは2〜７cmと扁平でふつう８つの稜がある。毛玉状の刺座が整然と並び、肌には白点が散る。根は太く塊根状。黄色の花が春に咲く。白点の白さと密度、刺座の大きさと間隔など、より印象的な姿を求めて日本で育種が進み、世界中で高い評価を受けている。写真の個体もそうした育種の成果のひとつである。一方で野生個体は違法採集と農地開発によって絶滅の危機にある状態が続いている。

コピアポア・黒王丸
Copiapoa cinerea subsp. *cinerea*

骨のように白い肌と、漆黒の刺。この属の代表種で昔も今も人気がある。輸入株は急速に吸水するとよく膨らむが、その後徒長し、頂部が尖って見苦しくなることが多い。実生苗の生育は遅いが、十年、二十年とじっくり育てると、次第に肌色も白く、風格が増してゆく。

コピアポア・孤竜丸
Copiapoa cinerea subsp. *columna-alba*

ほとんど雨の降らないチリ・アタカマ砂漠に生きるサボテン。海霧による結露からも水分を得ていると考えられている。この属では比較的大きくなる種で、円柱形の茎は高さ50〜75cm・直径10〜20cmに達する。単頭、または少数の株立ちとなり、自生地では茎は太陽の方を向いて傾いて育つ。表面は白いワックスで覆われており、黒い刺とのコントラストが美しい。球体の下の方は長い年月を経て茶色く木質化が進み、風格を醸し出す。

アガベ・笹の雪

Agave victoriae-reginae

先端にのみトゲがある葉を端正に展開し、アガベのなかでもひときわ整った姿となる代表種。葉にはペンキを塗ったような白い模様が入り、濃淡などが個体によって異なる。メキシコのコアウイラ州とヌエボ・レオン州の境界付近の一部地域に分布し、自生地は標高1000～1600mの山地にある険しい石灰岩の崖や急斜面の岩場で、乾燥した砂漠地帯である。写真の個体は直径30cm、10年以上栽培されているもので、大型に育つ古典的なタイプ。記載された当時のThe Gardeners' Chronicle誌には、この古典タイプと同型の個体のイラストが掲載されている。

Agave
アガベ（リュウゼツラン）

またの名は「センチュリープラント」
大型のロゼットは葉模様と刺に注目

大柄なロゼットと鋭角的なトゲで武装した存在感から、いま最も人気のある多肉植物のひとつ。アガベ属は分類学の父カール・フォン・リンネ Carl von Linné (1707〜1778) によって1753年にアガベ アメリカーナ（アオノリュウゼツラン）*A. americana* を模式種として記載された。属名は古代ギリシャ語で『高貴な・輝かしい』を意味する単語 ἀγαυός に由来する。

アメリカ西部からメキシコ・中央アメリカ・南米の熱帯地域とカリブ諸島などの新世界の熱帯地域におよそ200種が分布する。いずれも大型の多年草で、数十年をかけて大きなロゼットを作る。生涯に一度だけ開花し大量のタネを散らして枯れるモノカルピック（Monocarpic：一回結実性多年草）の性質があり、稀にしか咲かないことからやや大げさに Century plant とも呼ばれている。

先住民族は古くからアガベをさまざまに利用してきた。花や花茎・葉を煮る・磨り潰す・焼くなどして食用にするほか、樹液を飲み物とし、さらにシロップを作り、また酒を醸した。テキーラやメスカルがその代表である。繊維源植物としては現在も重要で、その中でも代表的なサイザル麻の名で知られるアガベ シサラナ（*A. sisalana*）は世界の熱帯地域で栽培されている。現在はバイオマスエネルギー源としての研究や利用も試みられている。

アガベ・笹の雪錦'氷山'
Agave victoriae-reginae marginata 'Hyōzan'

笹の雪には様々な斑入りが出現するが、多くは黄斑である。なかでこの氷山は、純白の覆輪斑（葉を縁取る斑）が入る大変美しいもので人気が高い。ほかの白斑では斑の入った部分に傷みが出やすいが、氷山はいつまでも美しい。カキ仔で繁殖されているが成長は遅い。だが、じっくり作り込んで葉数が増えるほど、見事な姿になる。

アガベ・笹の雪錦　黄覆輪
Agave victoriae-reginae Yellow marginata

笹の雪にはいくつかの黄覆輪の斑入りが知られている。最近は'輝山 Kizan'と呼ばれる型に人気が集まっているが、これは特定のクローンにつけられた名前で、ほかにも魅力的な笹の雪錦が数多くある。写真の２つの個体を比べても、葉型、葉のサイズや展開、斑色などが異なっている。それぞれに魅力があり、ついついコレクションが増えてしまう。

アガベ チタノタ 'FO-76'

Agave titanota 'FO-76'

古くから栽培されている強烈なトゲをもつアガベだが、近年のアガベブームでは中心的な存在になっている。メキシコ南部の太平洋側のオアハカ州北部に分布する。標高1000〜1200mの石灰岩地の崖に生える。標準品は全体が白っぽく、株の直径が70〜100cmに達する。本種で栽培されるものの多くはフィリペ オテロ Felipe Otero という人が採集した『FO 76(しばしば FO-076 と誤記されている)』というフィールドナンバーの種子から育成された系統である。この系統は普通品よりも葉が短く、刺が大きくてしばしば連なる特徴があり、多くの優品がこの系統から選抜された。'白鯨'もその一つで、普通品よりも小ぶりで葉が厚く緑色、縁の白い線がうねり刺も大きく発達するのが特徴。比較的小型のアガベで成長もやや遅い。かつては「アガベ・ナンバーワン」の名前で流通、栽培されていた。

アガベ シーマニアナ ピグマエア'ドラゴン トゥウス'

Agave seemanniana subsp. *pygmaea* 'Dragon toes'
(syn. *Agave pygmaea* 'Dragon toes')

種名はドイツ人の博物学者／植物コレクターだったバートホルト・カール・ジーマン Berthold Carl Seemann (1825〜1871) への献名である。亜種名は『小人の』を意味する。野生型はメキシコ南部のチアパス州とグアテマラの国境付近に分布する。自生地は標高1000m前後の石灰岩地の崖や岩場に生える。種としてはメキシコ南部からコスタリカ北西部にかけて分布する。白粉に被われた葉は広楕円形で長さ10〜15cm、株の直径は最大30cm弱の小型種。縁には赤茶色の刺が並び、先端の刺はひときわ大きい。株が大きくなってくると、吸芽を出して群生するようになる。'ドラゴン トゥウス'はその栽培品種で『ドラゴンのつま先』を意味する。

アガベ イスメンシス '王妃甲蟹'

Agave isthmensis 'Ōhi-kabutogani'

学名は『地峡の』を意味し、原産地であるメキシコ南部のテワンテペク地峡 Isthmus of Tehuantepec を指している。野生型はメキシコのオアハカ州南東部に分布する。自生地では標高15〜875mの海岸や山地の岩場や岩の多い斜面に生える。白粉に被われ青白い楕円形から逆卵形の葉は長さ5〜15cm、株の直径は20〜30cmの小型種。葉の縁は鋸歯があり、赤茶色の刺が並ぶ。成株は吸芽を出して株立ちとなる。'王妃甲蟹'は刺が連続して癒着し平板状になる栽培品種で、さらに白覆輪斑が入ったものもある。

アガベ ユタエンシス エボリスピナ

Agave utahensis var. *eborispina*

独特の鋭いトゲで、チタノタと人気を二分するアメリカ原産のアガベ。アガベ・ユタエンシスの仲間では、基準亜種ユタエンシス（subsp.*utahensis*）のほか、カイバベンシス（subsp. *kaibabensis*）、ネバデンシス（subsp.*nevadensis*青磁炉）、そしてこのエボリスピナが知られている。エボリスピナは特徴は葉縁と先端の象牙色の目を惹くトゲで、ラスベガスに近いカリフォルニア州北部とネバダ州南部の州境付近の山地に分布し、標高1100〜1900mにある石灰岩の岩場に生える。写真のように真っ直ぐ長く天を突くトゲをもつタイプから、うねり屈曲するタイプまで様々ある。花は、明るい黄色で、長い花茎の先端に密集して咲く。写真の株は種子から育成したもの。

アガベ ユタエンシス ネバデンシス（青磁炉）

Agave utahensis subsp. *nevadensis*

ユタエンシスの系統では古くから栽培されているタイプで、青磁炉の名がある。カリフォルニア州北部とネバダ州南部の州境のモハベ砂漠に分布する。エボリスピナの自生地から少し南に離れた位置にあるが、コロニーは連続的に散らばっており中間的なタイプもあるため、分類上は同種と見なす考えが主流だ。園芸的には、エボリスピナより葉幅が細く、トゲ色は黒いものが多い。ロゼットは高さ・幅共に最大30cm程度まで育つが、それでもアガベ属では最小の種。耐寒性は強いが、高温多湿では根痛みしやすい。強い光線にあて、風通しのよい場所で育てたい。

Sansevieria
サンセヴェリア（サンスベリア）

サンセヴェリア ピングイキュラ
Sansevieria pinguicula
スイス出身の植物学者ピーター・レナ・オスカー・バリー Peter René Oscar Bally（1895〜1980）によって1964年に記載された。彼はミュンヘン大学で化学を学び、その後薬用植物の研究などを通してナイロビ のコリンドン博物館Coryndon Museum（現ケニア国立博物館 National Museums of Kenya）などで働き、ケニアやタンザニアなど東アフリカの多肉植物を研究した。彼に献名された植物にはアロエ バリーイ Aloe ballyi などがある。本種はアフリカ東部の中でも最も乾燥した地域であるケニア 東部のタナ川 Tana river 流域の２箇所からのみ知られる稀産種。標高50〜250mの 低地に広がる乾燥した原野の茂みに生える。茎は地面の少し上を横に伸び、芽の下から根を伸ばすので少し浮いている。その外見から『歩くサンスベリア Walking sansevieria』と呼ばれ、棚花系統としては極小型種で『クイーンサンスベリア Queen sansevieria』とも呼ばれる。成長はごく遅い。

アフリカの乾燥地帯が故郷
葉の形と模様の変化が人気

サンセヴェリア（サンスベリア）属はキジカクシ科・スズラン亜科の植物で、カール ペーテル ツンベルク Carl Peter Thunberg（1743〜1828）によって1794年にサンセヴェリア シルシフローラ *S. thyrsiflora* を模式種として記載された。属の名前は科学と芸術に多才を示した18世紀のイタリアの貴族ライモンド ディ サングロ Raimondo di Sangro の称号 Principi di Sansevero に由来する。

サンセヴェリア属は熱帯アフリカを中心にマダガスカル、アラビア半島から南アジアに分布し、これまでに約60種が知られている。葉は厚く多肉質でときに棒状、ほとんどの種は地下茎を伸ばして株立ちになる。1〜２日で終わる短命な白い花は夜に開き、甘い芳香を放つ。見た目はかなり異なるがドラセナ属 Dracaena と近縁であることが系統分析の結果判明している。

葉から繊維を採ってロープにするほか、いくつかの種は薬用にも用いられる。

この属で最もよく知られているのは直立する白い斑紋のある細長いリボン状の葉に黄色の覆輪斑が入るサンセヴェリア トリファスキアータ'ローレンティー' *S. trifasciata* 'Laurentii' であろう。この栽培品種が1904年に発表されて以降、トリファスキアータ系の栽培品種が広く栽培されてきた。しかし1990年代以降になるとサンセヴェリア属の他種の園芸化と普及も進み、現在は多くの種とその栽培品種が楽しまれるようになっている。

サンセヴェリア カーキー プルケラ 'コッパートーン'
Sansevieria kirkii var. *pulchra* 'Coppertone'

種名は1858年にザンベジ Zambezi 川探検に参加したジョン・カーク博士 Dr John Kirk への献名である。種としてはケニア南部の海岸沿い地域からコンゴ南部・モザンビーク北部からジンバブエに至る東アフリカの熱帯地域に分布する。海岸近くから標高1500mの藪に覆われた石灰岩の崖や岩の上などの土壌の浅い場所・シロアリの塚の上や森林内の岩場に生える。地面に横たわる赤茶色から緑色の地に白い斑点や模様が入る幅広の葉が特徴で、その中で小型に収まるものが変種プルケラとして区別される。基準標本産地はザンジバルだとされている。花茎は比較的短く、花は先端付近に密集して咲きボール状になる。'コッパートーン'は更にその地域変種で、ピンクを帯びた白い斑紋が鮮明に入るブロンズ色の葉をしている。葉の長さは50cm前後に収まる。基準変種カーキーの典型は葉の長さ２m前後にも達するので、さながら昆布を思わせる姿である。

サンセヴェリア ロリダ
Sansevieria rorida Lavranos 23319

ソマリアの乾燥した地域に分布し、サバンナの岩場にある低木林や灌木の茂みの陰に生える。葉の長さ100cmに達する大型種である。地域変異個体が多く産地により外見の容姿が異なる。特大型のサムライ sp'samurai'やLavranos24977をはじめとして、同じくソマリア採集のLavranos 23395,Lavranos 24561 などもロリダ種にあたる。国内でロリダ の名前で一般的に流通するフィールドナンバー Lavranos 23319 はアフリカ産の多肉植物の研究家ジョン・ジェイコブ・ラヴラノス John Jacob Lavranos (1926〜2018) の採集による。これは1985年の9〜10月におこなわれたミズーリ植物園の調査の際にソマリアで採集されたものである。成長はごく遅い。

サンセヴェリア キリンドリカ'ボンセレンシス プチ'
Sansevieria cylindrica 'Boncellensis Petit'

熱帯アフリカ南部からナタールにかけて分布し、乾燥した草原の灌木の茂みなどに生える。普通品は葉の長さ1.5m以上になるが、矮性の他、葉の太さ・長さ・模様や斑の有無などで区別される多くの栽培品種がある。よく似た形態の他種がいくつもあるため、しばしば間違った名で流通することも珍しくない。矮性タイプがボンセル Boncel、あるいはボンセレンシスBoncellensisの名で流通している。これは正式に記載された名ではなく、また栽培品種名としても使用できない。数ある矮性の栽培品種の内、'ボンセレンシス プチ'は姿も良く斑紋も美しい最新の栽培品種である。

サンセヴェリア ハリー 'ピンクバット'
Sansevieria hallii 'Pink Bat'

種名はイギリスのキューガーデンや南アフリカのキルステンボッシュ植物園で働いていた 園芸家で多肉植物のコレクターだったハリー・ホール Harry Halll への献名である。東アフリカのモザンビーク 南部とジンバブエ南 部の国境地帯周辺から南アフリカのリンポポ州北部に分布する。標高約180～600mの岩場にある森林や藪の影に生える。厚みのある直 立、あるいは反り返る葉の長さは60～90cm、縁は赤いのが特徴。 1芽当たりの葉の数は1 ～3枚で少ない。ハリーのヴァリエーションとされるが花茎が長く伸びる点で異なり別種として扱う場合もある。'ピンクバット'はその名の通り、全体にピンク色を感じさせる淡い茶色を帯びた野生選抜品種。ピンクバットの中でも一段と褐色の濃い R1734 はデイブ リチャーズ Dave Richards という人物が収集した個体で、葉に淡い斑紋が入るのが特徴である。

サンセヴェリア メイソニアナ
Sansevieria masoniana

2000年に記載されたが、それ以前から'メイソン コンゴ Mason Congo'の名で知られてきた。コンゴ共和国で採集されたと言われているが正確な場所はわかっていない。いまだに野生は再発見されておらず、生態は不明のままである。この個体自体はイギリス人の熱烈な多肉植物愛好家だったモーリス・L・メイソン Maurice L. Mason (1912～1993) が採集した。学名もメイソン氏への献名であり、いちおう野生種だと判断されている。 1芽あたり1～2枚の葉を付け、薄緑色の斑紋のある葉の長さは80～120cmに達し、幅も広く20cm以上になる。花は芽の中心から生じる。繁殖される過程で黄色や白の斑入りの個体も現れていて珍重されている。

サンセヴェリア サイナス－シミオルム
Sansevieria sinus-simiorum R1734

2002年に記載されたまだ未知の部分の多い種で、今のところ東アフリカのマラウィからのみ知られている。 標高480～1500mの南向きあるいは西向きの岩場に生える。サンセヴェリア スタッキー S. stuckyi に近縁だと考えられている。葉の長さは60～100cmになり、太い葉が特徴的である。花はピンク色を帯びており、スタッキーとは異なり形状はハリーに 似ているが花茎がしっかりと長く伸びる点で異なる。成長は非常に遅い。'スーパーバット(Super but)'という個体もあり、その名の通り一枚の葉の肉厚さでは他に類を見ない。

サンセヴェリア スッフルチコーサ 'スパイラリス'
Sansevieria suffruticosa 'spiralis'
(*Sansevieria* Lavranos 1970)

何故か、'ハルゲイサナ LAV 7382'と間違われて流通することの非常に多い種でハルゲイサナとは花の形状、葉の形状など異なる別種である。この個体は未同定で、花の形状からスッフルチコーサ*S.suffruticosa*の小型の地域変種だとされている。高さは15〜 45cmに収まる比較的小型の種。この個体は走出枝が長いが個体によって長短の差がある。葉は棒状で薄緑色の斑紋があり成長するにつれ二列に重なる。花は白く穂状に咲く。本種はどういうわけか『Lavranos 1970』と 言う番号で呼ばれて流通するが、この番号は ラブラノス氏のフィールドナンバーでは欠番 となっている。1970年にラブラノス氏は再度ソマリアに 赴いているが、この時の採集品にサンセヴェリアは記録に無い。

サンセヴェリア フィッシェリ
Sansevieria fischeri

エチオピア南部・ソマリア南部からケニア東部・タンザニア北部に分布し、標高60〜550mの川沿いの砂質地にある森林や茂みに生える。学名はドイツ人の医師で探検家 のグスタフ・アドルフ・フィッシャー Gustav Adolf Fis cher (1848〜1886) への献名である。円柱形の葉が特徴的で長さは1 m以上、時に3 mに達する大型種である。株が若いうちは葉に薄緑色の紋様と縦皺がある。 花茎は大変太く短く、特異的な薄紫色を帯びる花は地表に塊となって咲く。株が大きくなると基本的に一枚しか葉を展開しないので'シングル'の名を冠したシングラリス *S.singlaris*とも呼ばれる。鑑賞価値を持つのは高さ1m直径3cmを越えてからである。

クマラ ハエマンシフォリア
（アロエ ハエマンシフォリア）
Kumara haemanthifolia
(syn. Aloe haemanthifolia)

扇のように展開する葉には透明感があって、葉縁部は赤く染まる。刺は全くない。その端正な姿と、栽培の難しさから長く貴品とされてきた。2014年にアロエ属から、現在のクマラ属に再編された。学名はヒガンバナ科の球根植物『ハエマンサス属のような葉』の意味である。自生地では塊状の株立ちになる。南アフリカの西ケープ州西部の特産である。自生地は標高500〜1700mのテーブルマウンテンの縁や峰にあり、そこは非常に雨が多く冬の降水量が1000〜2100ミリに達する。しばしば雪に覆われることもあるという。さらに夏の間も濃い霧や雲に包まれ湿っている。そのため暑さに弱く、乾燥にも弱く、夏の暑い時期は根が傷みやすいので、風通しの良い涼しい環境で過ごさせる。水は切らないが、滞留しないようすることが必要。反面寒さには強く、関東であれば屋外でも越冬する。栽培下での花つきはよくない。クマラ属はハオルシア属に近縁とされ、西ケープ州西部の一部のテーブルマウンテンの固有属である。本種の他にクマラ プリカチリス *K. plicatlis* (syn. *Aloe plicatilis*) の2種だけが知られている。上の写真は、一見、斑入りのように見えるが、これは本種の特徴である葉の地模様で、斑ではない。本種には「眉刷毛錦」という呼び方もあるが、刷毛で描いたようなストライプで透明感のある葉質とあいまって大変美しい。多肥栽培すると葉色が濃くなり、目立たなくなってしまう。

Aloe
アロエ

古くから親しまれるアロエ 近年６つの属に分割された

アロエの仲間はツルボラン科［Asphodeloideae］に属し、アフリカからアラビア半島・マダガスカル・インド洋の島々に400〜500種が知られている。大半は産地が限られた稀産種で、低地から高山まで、砂漠やサバンナから森林まで、多様な環境に適応している。

多くの種は葉が厚くロゼット状に育つ多肉植物で、10mに達する高木から数センチの極く小さな種までその姿は多様である。最近になって、分子系統学の研究から、従来のアロエ属は６つ（Aloe・Aloiampelos・Aloidendron・Aristaloe・Gonialoe・Kumara）に分けられた。高木になるアロイデンドロン属が最初に他から分かれたグループであり、クマラ属はハオルシア属に近縁なグループである。さらにアロイアムペロス属、アロエ属、アリスタロエ属が ガステリア属などとの共通祖先から分化し、最後にゴニアロエ属が出現したと考えられている。

アロエの仲間は古くから薬用植物として利用されてきたほか、鉢植えの観賞植物や小雨地帯では造園にも利用されてきた。現在はごく一部の種を除いて、ワシントン条約の付属書I類又はII類に指定されている。

アロエ フロレンセアエ
Aloe florenceae

アフリカ産の多肉植物の研究家ジョン・ヤコブ・レヴァンノス John Jacob Lavranos (1926〜2018) と熱帯アフリカのアロエの専門家トーマス・A.・マッコイ Tom A. McCoy (1959年) によって2004年に記載された。マダガスカル島中央部の特産。自生地は標高1500m付近の高原で、マダガスカルでは珍しい火山地帯であり温泉も湧いている地域である。柔らかい葉で全体に細かな刺が生えているのが特徴。基本的に青磁色の葉をしているが、陽を強く取ることで褐色に変化するので好みの色に仕立てることもできる。秋から初冬に咲く花は緑色を帯びた朱色、外側3枚の花弁は反り返り内側3枚は組み合わさって筒状になる変わった形をしている。特筆するべきは形だけでなくヒアシンスのような香りを放つ点であろう。残念ながら栽培が難しく、市場流通品は少ない。

アロエ ストリアータ カラスベルゲンシス

Aloe striata subsp. *karasbergensis* (syn. *Aloe karasbergensis*)

現在では、アロエ ストリアータの亜種に組み替えられたが、大柄の淡緑色のロゼットは磁器のように滑らかで、そこに濃色の筋が入り、ストライプ模様となる大変美しい種。独立種とする見解を支持する人も少なく無い。亜種名は産地のカラスベルグ山脈(Karasgebergte または Karasbergen)の名に由来する。ナミビア南部から南アフリカ西部に分布し、砂漠の岩の多い丘の斜面や山地の岩場に生える。ロゼットタイプのアロエとしては大型で最大で直径1m近くにもなる。多数の枝を出す花茎に濃い朱色の花を冬から春まで長い間咲き続けて見事な眺めとなる。

アロエ パルブラ

Aloe parvula

フランス人の植物学者でマダガスカルの植物の専門家ジョセフ・マリー・ヘンリー・アルフレッド・ペリエ・ドゥ・ラ・バティエ Joseph Marie Henry Alfred Perrier de la Bâthie (1873～1958) によって1926年に記載された。マダガスカル島の中央高原に稀産する珍種で、ごく限られた地域の数カ所からしか知られていない。自生地はイネ科やカヤツリグサ科の植物と共に岩の割れ目に生えているという。細かな刺が表面を覆う葉は青白い色が基本だが、陽の加減によって銅色を帯びる。成長は遅いが年数を経るにつれて芽の数が増えて株立ちとなる。花は朱色で、枝は無いか少数の枝を出す花茎に咲く。その希少性ゆえにワシントン条約附属書Iに指定されている貴重な植物である。

アロエ ヘミンギー

Aloe hemmingii

南アフリカの医師で植物学者・特にアロエ 属の専門家だったギルバート・ウェスタコット・レイノルズ Gilbert Westacott Reynolds (1895～1967) とスイス人の化学者で、ケニアで長年植物の研究をおこなったピーター・ルネ・オスカー・バリー Peter René Oscar Bally (1895～1980)によって 1964年に記載された。学名はソマリアの植物を研究したクリストファー・フランシス・ヘミング Christopher Francis Hemming (1926年生) への献名である。ソマリア北西部に分布し、標高700～1200m付近にある石灰岩地の藪に生える。産地は数カ所しか知られていない。葉の色はチョコレート色から緑色まで、個体や栽培環境によって変化がある。白い斑点との対比が美しい。花は朱色を含んだ桃色で、花茎は枝分かれしないか少数の枝を出す。茎はあまり伸びず草姿はロゼット状となり、株の直径は20cm前後になる。

アロエ イラフェンシス

Aloe irafensis

アフリカ産の多肉植物の研究家ジョン・ジェイコブ・ラヴラノス John Jacob Lavranos (1926～2018) とアロエ ハンターと呼ばれる植物学者のトーマス・A. ・マッコイ Tom A. McCoy(1959生) によって2004年に一度発表されたが記載に不備があり、イエメンの植物学者アブドゥル・ナセル・アル－ジフリ Abdul Nasser Al-Gifri (1957年生) によって2008年に正式に記載された。現在イエメンの国花になっている。イエメン南西部の特産で、山地の山頂に近い標高1200m付近にある針葉樹の疎林に生える。発表されたばかりなので今後も自生地が見つかるかもしれないが、現時点では産地が局限される稀産種である。花は基部が膨らんだ筒状で、薄い朱色で先端が淡黄色。花茎は少数の枝を分かつ。二列に並ぶ刺の無い細かな斑点に覆われた葉が特徴的で長さは15～20cmほど、茎は100cmほどに達する。

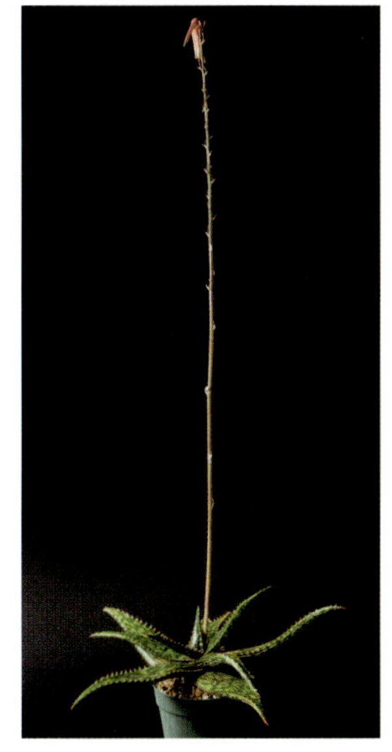

アロエ ソマリエンシス

Aloe somaliensis

イギリスの植物学者で熱帯アフリカの植物を研究したチャールズ・ヘンリー・ライト Charles Henry Wright (1864～1941) が未発表のままだったものを、イギリスの園芸家でキューガーデンのキューレーターを務めたウィリアム・ワトソン William Watson (1858～1925) が1899年に記載した。ソマリア北部とジブチに分布し、標高700～1700mにある藪混じりの岩場に生える。長さ30cm前後になる赤茶色の刺と白い斑紋のある葉が美しい。この斑紋は株が成長するに従って薄くなる、あるいは全く消えてしまうこともある。茎は伸びず終生ロゼット状で、普通分頭しない。花の色が朱赤色、花茎は枝を多数出す。しばしばアロエ ヘミンギーとの違いが話題になるが、花の色と花茎の枝の数、株の大きさに注意すれば間違うことはない。ソマリエンシスには似た種が複数あるため、細かな違いをチェックする必要がある。

アロエ アンタンドロイ
Aloe antandroi

フランス人でマダガスカル島の生物・地質・民族・言語などマダガスカル島についての悉くと言って良いほど広範な分野を研究し多大な業績をあげた学者レイモンド・デカリー Raymond Decary (1891〜1973) が1921年にガステリア属の植物として記載し、フランス人の植物学者でマダガスカルの植物の専門家ジョセフ・マリー・ヘンリー・アルフレッド・ペリエ・ドゥ・ラ・バティエが1926年にアロエ属に組み替えた。学名はマダガスカル島の南部から南西部にかけて居住する農耕・遊牧民族の アンタンドロイ族 Antandroy (現在は表記をタンドロイ Tandroy とするのが好ましいとされる) から取られている。マダガスカル島の南部から南西部に分布し、標高50〜200mの石灰岩の崖や岩場に生える。最大で1mほどになる細い茎は横に、あるいは垂れて伸びる。白紋の浮かぶ細い葉も真っ直ぐに、あるいは反転し、うねるように伸びる独自の姿を見せる。この葉で他のものを引っ掛けてよじ登るようにして体を支えているらしい。花は朱色で先端が緑色を帯びるアロエによくあるものだが、花茎は短く少数の花をつけるのみで変わっている。一般的なアロエの姿からかけ離れた珍種といえるであろう。

アロエ ロンギスティラ
Aloe longistyla

イギリスの植物学者ジョン・ギルバート・ベーカー John Gilbert Baker(1834〜1920) が1881年に記載した。百鬼夜行の和名がある。この個体は"ネリー"('Nelii')と呼ばれるタイプとして播種育成したものだが、実際に流通しているものを見ても、ノギの強い優良個体という程度で、基本種との決定的な差異は不明。リトルカルーを中心とする南アフリカ南部の夏に雨が降る地域に分布する。標高500〜1400mのゆるやかに傾斜した場所や平原で、キク科植物の灌木の陰に生えている。最大の特徴は冬の終わりに咲く花にある。太い枝分かれしない花茎に密集して咲く筒状の花は長さ5cm余りで、上向きに曲がっていて雄しべと雌しべが長く突き出す姿は他に無いものである。学名もこの長い雄しべと雌しべに由来する。

アロイアムペロス シリアリス (アロエ シリアリス)
Aloiampelos ciliaris (syn. *Aloe ciliaris*)

ハオルシア属に名を残すイギリス人の昆虫と甲殻類、そして植物学者であったエイドリアン・ハーディ・ハワース Adrian Hardy Haworth (1767〜1833) が1825年に記載し、南アフリカの植物学者ロネル・レネット・クロッパーとギデオン・フランソワ・スミスによって2013年に現在の学名に改められた。南アフリカ南東部の海岸沿いの地域に分布し、涸れ川の谷間にある茂みなどに生える。夏に雨が降る年間降水量500〜600mの雨が降る地域で、誰もが知る クラッスラ オヴァタ(金の生る木) Crassula ovata の故郷でもある。アロエらしからぬ薄い葉で、この鮮やかな緑の葉を周囲のものに引っ掛けながら茎は急速に伸び、よじ登り型の半つる性植物の生態を持つ。花は鮮やかなオレンジ色で見栄えがする。そのため乾燥に耐えるつる植物として定評があり、南アフリカではフェンスに沿って植えて絡ませて育てたりする。

アロエ スプラフォリアータ
Aloe suprafoliata

南アフリカ東部のクワズールー－ナタール州・ムプマランガ州、エスティワニ王国(旧スワジランド)に分布する。標高1000～1600mにかけての崖や岩の割れ目、土壌の薄い草原に生える。花は朱赤色で、花茎は枝分かれしない。白粉を帯びた葉が整然と重なる姿には異質さと重厚感が感じられる。写真のように葉が二列に並ぶ姿で著名な本種だが、これは若い個体の姿で、開花サイズに達する頃には次第に葉が旋回をはじめ、やがて通常のロゼット状になる。園芸的には葉の展開を遅らせ対生の姿を長く楽しむために、小さめの鉢に収めて植え替えを行わないといういわば「盆栽作り」が行われる。これはアロエの仲間全般に応用できる栽培法で、一般にアロエは地植えや大鉢植をすると早く大きくなるが、小さな鉢で辛く育てると、コンパクトな姿に仕上がる。

カスティヨニアエ(カスティロニアエ)
astilloniae

アロエ ラエタ
Aloe laeta

⬆サボテンと多肉植物の専門家だったドイツの植物学者／園芸家のアルヴィン・ベルガー Alwin_Berger (1871～1931)によって1908年に記載された。本種はマダガスカル島の中央部にあるイビティ山 Mt. Ibity (Mt. Bity) に分布する。自生地は標高1600～2200mまでの岩場で、他の丈の低い草やラン科植物とともに生えている。茎は伸びず、直径20～40cmのロゼット状となる。幅広の白っぽい葉の縁にあるピンク色を帯びた細かな刺が特徴的。現地では5～6月に少数の枝のある花茎に鮮やかな朱色をした長い壺型の花が咲く。イビティ山のより南側の地域には変種マニアエンシス var. *maniaensis* が分布する。こちらはフランス人の植物学者でマダガスカルの植物の専門家ジョセフ・マリー・ヘンリー・アルフレッド・ペリエ・ドゥ・ラ・バティエ Joseph Marie Henry Alfred Perrier de la Bâthie (1873～1958) によって1926年に記載された。学名は近くを流れる川の名前から取られた。標高1400m付近の岩場に生える。こちらは小型で半分程度の大きさになる。アロエ ラエタは産地が局限された希少種であるため、ワシントン条約の付属書Ⅰ類に指定され国際取引が厳しく規制されている。さらにアロエ ラエタは高い山に自生するために暑さに弱く、美しい状態で育て続けるのが難しい。

⬅マダガスカル産アロエのモノグラフ『The Aloe of Madagascar(2010)』の著者であるフランスの植物学者ジーン-バーナード・カスティヨン Jean-Bernard Castillon (1940生) が2006年に記載した。学名は本人の姓から取られている。マダガスカル島の南西部に分布するが範囲は極めて限定され、基準標本産地以外に自生地は見つかっていないようである。標高100～250mの石灰岩地の崖や岩場に生える。茎は立ち上がらず横に這い、赤い刺が印象的な葉は反り返って茎を覆うために他のアロエには見られない独自の姿となる。花は鮮やかな朱色で、細く短い花茎に少数が咲く。珍種であり成長も遅いが、栽培自体は比較的易しいので徐々に普及し広く愛されるようになるであろう。

アロエ エリナケア
Aloe erinacea

ナミビア南部の冬に雨が降る地域に分布する。標高900〜1350mの非常に乾燥した岩の多い場所に生える。青白い葉の縁と背の三列に並ぶ半透明の白い刺が特徴的で、本種を他から際立たせている。ただしこの刺は古くなると黒く染まる。時間をかけて茎が立ってくる。蕾は朱色だが、花が咲くと黄緑色に変わる。大変肉質が硬く、成長の遅い植物で、長年作り込むと風格が備わってくる。近縁種のアロエ メラナカンサ *A. melanacantha* は姿こそよく似ているが『黒い刺』を意味する学名の通り、刺が黒い点で区別できる。この種はナミビア南部で分布が重なるが高度で棲み分けており、メラノアカンサは標高700m以下の砂漠に生えている。南アフリカの園芸家でサボテンと多肉植物の専門家、特にアロエに造詣の深かったデビッド・スペンサー・ハーディ David Spencer Hardy（1931〜1998）によって1971年に記載された。

アロエ ポリフィラ
Aloe polyphylla

ハエマンシフォリアと並ぶ難物アロエとして知られる。学名は『多くの葉』の意味で、親株では葉の枚数が平均150枚に達する。また大きく育つと、ロゼット葉が綺麗な螺旋形を描いて並ぶため、スパイラルアロエ Spiral Aloe とも呼ばれ、園芸家にも大変人気が高い。ワシントン条約付属書Ⅰ指定の貴重な植物だが、流通しているものはほぼすべて種子からの人工繁殖品である。レソトと南アフリカの北の国境になっている、3000m級の高峰が続くマロティ山脈 Maloti Mountains の特産である。主に標高2000〜2500mの草原の中にある玄武岩の岩の割れ目に生える。より高い場所にも見られるが、その場合は東向き斜面に限られると言う。この高度になるとアフリカといえども冬は雪と霜に閉ざされる。夏も気温が上がらず雲と霧に包まれる場所である。年間降水量は1100ミリほどあって多く、春から秋にかけて降る。本種は耐寒性があり氷点下の寒さに耐えるが、その一方で暑さに弱く栽培困難な種としてよく知られる。栽培はハエマンシフォリアと同様、夏に涼しく過ごさせること。そして秋から春に元気よく育てることがポイント。耐寒性は強いが、厳寒にあうと動きが鈍るので、冬期こそハウスなどの加温設備のなかで、たっぷりの日照と十分な灌水で肥育したい。南アフリカの植物学者ネビル・スチュアート・ピランズが1934年に記載した。

アロイデンドロン ラモシッシムム（アロエ ラモシッシマ）
Aloidendron ramosissimum (syn. *Aloe ramosissima*)

高木状に育つピランシー、ディコトムムとともにアロエ属からアロイデンドロンに編入された。両種と似ているが、より分枝しやすく小型。ナミビア南部と南アフリカ北西部に分布し、冬に雨が降る地域の岩の多い山や丘の斜面に生える。年間降水量は110ミリほどで、夏は気温45度にも達する過酷な砂漠である。根元から何度も二又に分かれて低木になるのが特徴で、ある程度大きく育たないと持ち味が出ない。最終的に高さ・幅ともに2m程度に育つ。冬に鮮やかな黄色の花が咲く。若い花茎はアスパラガスのように食べられるという。同じ仲間のディコトムムなどと異なり、小さいうちからよく枝を出すため、鉢植えでも枝振りのよい盆栽的な姿に育つので、園芸植物としても優れている。

アロエ フラギリス
Aloe fragilis

アフリカ産の多肉植物の研究家ジョン・ジェイコブ・ラヴラノスとスイス人でマダガスカル島産植物の研究をした医師ワルター・ルースリ Walter Röösli（1948生）によって1994年に記載された。学名のフラギリスはラテン語で『脆い』を意味し、株が傷みやすいことから名がついた。マダガスカル島北部のごく一部に分布は限られる。海岸に近い地域の岩場に生える。自生地では全体がレンガ色に染まり、半ば日干しになったような姿だが、栽培条件下では白い斑点が美しく散る緑の葉となる。茎はよく枝分かれして株立ちとなる。あまりにも産地が少ないことから、本種はワシントン条約の附属書Ⅰに指定されている。

アロイデンドロン ピランシー(アロエ ピランシー)
Aloidendron pillansii (syn. Aloe pillansii)

南アフリカ北西部からナミビア南西部のごく限られた地域に分布は限られる。現地は冬に雨が降る乾燥したサバンナ・半砂漠で、岩の多い丘の斜面に生える。掲載写真の個体はまだ若木と言えるもので、若いうちは周辺の灌木の陰に守られて育つ。灰白色になる幹はまばらに枝分かれを繰り返して高さ10m以上、最大15mにも達する大型種である。高さ2～3mに達するのに50～75年の歳月を要すると推測されている。花は明るいレモン色から黄色で春に開花する。本種はアロイデンドロン属の中で最も絶滅が憂慮される種である。親株はすでに200個体以下と推測されている。異常気象による親株の枯死、過放牧による若い個体の喪失、違法採集によって減少を続けている。そのため本種はワシントン条約で最も規制の厳しい附属書Ⅰ類に指定されている。アロイデンドロン属は6～8種が知られる。南アフリカの北西部と東部海岸地域・東アフリカ(モザンビークとソマリア)・アラビア半島南西部に分布する。いずれも木化する幹や枝を持つ高木か低木で、最大種のアロイデンドロン バーバラエ *A. barberae* は高さ18mにもなる。他に大型の植物が無い地域で特徴的な景観を構成し、生態系の中で重要な種となっている。

アロイデンドロン ピランシー(アロエ ピランシー)× アロイデンドロン ディコトムム(アロエ ディコトマ)?
Aloidendron pillansii (syn. Aloe pillansii) × Aloidendron dichotomum (syn. Aloe dichotoma)

こちらの株は、前記のピランシーと、同じくこの仲間の最大種であるディコトマのハイブリッドではないか思われる興味深い個体。南アフリカの著名な採種業者Sanders夫妻の種子から育生したもので、夫妻はピランシーから採種したと明言している。ディコトムムは、ピランシーと同様に巨大に育つが、ロゼットの大きさがピランシーに比べると小さく、葉も細い。また長ずると分枝し易い。この個体はディコトムム型の葉だがサイズがかなり大きく、両者の特徴をあわせもつ姿に育っている。

アロエ ディスコイングシー
Aloe descoingsii

南アフリカの医師で植物学者・特にアロエ 属の専門家だったギルバート・ウェスタコット・レイノルズによって1958年に記載された。学名はフランスの植物学者で、特にマダガスカルの植物を専門にしたベルナール・デコワン博士 Dr. Bernard Descoings (1931生) への献名である。マダガスカル島南西部のフィヘレナナ渓谷 Fiherenana Valley に特産する。自生地は石灰岩地の崖で、半ば土に埋もれるようにして生えている。本種は現在までに知られているアロエ属植物として最小の種として知られている。白い斑点のある小さな肉厚の葉が密に重なり、株立ちとなる。花は明るい朱色で壺型。野生は極めて数少ないため、ワシントン条約で附属書Ⅰに指定されている。しかし成長は遅いながらも栽培容易で株分けで殖やせるので多肉植物愛好家の間では普及している。

ハオルシオプシス ソルディダ ラブラニー
Haworthiopsis sordida var. lavranii (syn. Haworthia lavranii)

変種名は多肉植物の研究家ジョン・ヤコブ・ラブラノスへの献名である。東ケープ州西部のごく一部に分布する。自生地は年間降水量 300ミリ弱、冬に雨量が少なく夏が多めで、春と秋に降水量のピークがある地域である。標高 400～600mの潅木の生える岩の多い斜面に生える。潅木の下か石の隙間、ときに土に半ば埋もれるようにして育つ。もともと産地も少なく、数も多くは無い稀産種である。高さ 5～6cm、ロゼットの直径も同程度で、備前焼の肌を思わせる細かな凹凸の浮かぶ濃緑の葉は長さ3～4 cm。ふつう単頭で、株立ちにはならない。

Haworthia
ハオルシア

透き通った窓と変化に富んだ肌
多肉コレクター憧れの植物たち

ハオルシア属は南アフリカ南西部を中心に約60種が分布する。アロエ属と同様に、ハオルシア属も近年の分子系統分析に基づく研究によって３つに分割された。ハオルシア属 Haworthia、ハワーシオプシス属 Haworthiopsis、ツリスタ属 Tulistaである。ハオルシア属はクマラ属 Kumara (P46参照)と、ハワーシオプシス属はガステリア属 Gasteria (P55参照)と、ツリスタ属はゴニアロエ属 Gonialoe (※)と近縁である。ハオルシオプシス属とツリスタ属に分類されたものには従来、硬葉系と称されてきたものが多く含まれる。園芸上、柔らかい葉と『窓』と呼ばれる葉の先端に透明な部分があるグループ(軟葉系)と、全体に硬く葉の先端が尖る小さなアロエのような姿のグループ(硬葉系)に大別されている。生態的に興味深いのは軟葉系のもので、自生地では砂や泥に埋もれ先端部分だけを地表に覗かせている。先端が透明なので、透明な葉肉組織を通して地中にありながら光合成が可能なのである。ロウを思わせる透明感ある艶やかな前者にも、重厚な備前焼を思わせる地肌の後者にも、多くの愛好家がいてコレクションや交配育種も盛んである。

ハオルシオプシス スカブラ
Haworthiopsis scabra (syn. Haworthia scabra)

南アフリカのリトル カルー南東部(西ケープ州東部から東ケープ州西部)に分布する。自生地は年間降水量約250ミリの春と秋に雨のピークがある地域で、標高200～800mの藪や潅木に覆われた石の多い斜面に生える。藪の中や潅木の下、石の隙間で育つ。長さ3～5 cmの葉には細かな凹凸があるが、この凹凸の大きさや粗密には個体群の差が大きい。ロゼットの直径は5 cmほどだが、これも差が大きい。株は単頭か数頭の株立ちになる。写真の個体のように、葉が旋回して、渦巻き状に育つものもある。

ハオルシア アトロフスカ 斑入り
Haworthia mirabilis var. *atrofusca* Variegated
(syn. *Haworthia atrofusca* Variegated)

西ケープ州の南東部にある町リバースデール Riversdale の周辺に分布する。自生地は茂みに覆われた岩や石の多い緩やかな斜面で、岩や茂みの影で地面に埋もれて葉の先端部だけが見えていることが多い。日本では従来からこの仲間の斑入り個体の選抜と育種が盛んであり、この分野では世界から羨望される美しい優品を数多く育成しているが、この個体もそのなかのひとつ。

ハオルシア レツーサ サンセット
Haworthia retusa 'sunset'

レツーサ錦と呼ばれる縞斑の系統から現れた糊斑のタイプ。いちばんの特徴は陽を強めに取るときれいなオレンジ色に染まることである。陽が弱いと普通の黄斑となる。

ハオルシア・寿錦
Haworthia retusa Variegated

西ケープ州の南東部の町ハイデルベルグ Heidelberg からリバースデールにかけて分布する。小石混じりの砂質土壌の場所にある藪や灌木が混成する草原に生える。葉の上端のみを地表に出すか、あるいは下半分まで地中に埋もれている。個体群ごとに個性があり、そのうちのいくつかはかつて独立した種として記載されていた。また近縁種との中間的な個体も知られている。本種の特徴ある優良個体は近年人気の高い種類のひとつで、写真の個体のような 斑回りの良い美的な斑入り個体も引く手数多の状態である。

ハオルシア エメリアエ コンプトニアナ × ハオルシア ベイエリ
Haworthia emelyae var. *comptoniana* (syn. *H. comptoniana*) × *H. bayeri*

西ケープ州西部に分布する人気種の種間交配種。葉の窓が大きく透明感が強く、葉の形も丸みを感じさせる美麗な個体。

ハオルシア ブラウン ギャラクシー
Haworthia 'Brown Galaxy'

交配種同士の実生選別個体。葉が幅広く特徴的なきらめく白線の入る美しい個体である。

ハオルシア ロックウッディ
Haworthia lockwoodii

西ケープ州の内陸にある町ラングスバーグ Laingsburg の南西部にのみ分布する。この地域は夏に雨が降る。自然のままでは分頭せず単独のままなので繁殖は胴切りか実生による。葉の幅には個体差があり、ハオルシア ムクロナータ *H. mucronata* と近縁で、両者の自生地が隣接する場所では自然雑種を生じている。乾燥すると葉の先端から枯れたようになり、強い日差しと乾燥から身を守るような姿になる。

ハオルシア '裏般若'
Haworthia 'Ura-hannya'

葉の裏の方にも透明な模様が入り、窓が大きく厚くレンズ状に見えるのが特徴。由来は判然としないが、ハオルシア エメリアエ コンプトニアナ系の交配種か、組織培養から生まれた変異体と言われている。これを基にした交配種が多数生まれている。

ツリスタ ムスカワン
Tulista Musukawan *(Haworthia* 'Musukawan'*)*

ツリスタ プミラ Tulista pumila (syn. Haworthia pumila)系の交配選別種。白点が大きくコントラストのはっきりした良個体。

ハオルシア・玉扇 '姫神'
Haworthia truncata 'Himekami'

万象とならんで、日本が誇る園芸ハオルシアの代表格が玉扇である。端然と対生する葉姿と、透明な頂面に刻まれた白紋、緑紋のバラエティで数百におよぶ園芸改良種が作出されている。白紋の濃厚で鮮やかなもの、複雑な色合いが混じるものなどが人気だ。本種の育種が日本で飛躍的に進んで優良な個体を多く作出していることは、世界的に広く知られている。写真はハオルシア トルンカータの大型タイプと'写楽'系の個体との交配選別品。

ハオルシア・玉扇
Haworthia truncata

現在、流通する玉扇は、そのほとんどが長年の育種改良の賜物だが、写真の株は30年ほど前に輸入された野生個体。当時「クラサ型」として入手したもので、山木としては白条がハッキリしている方と言える。こうした株が元となって、いまの様々なタイプに発展した。長年の栽培で多頭の群生となり、焼け気味で葉色も赤いため、まったく異なる趣きだ。

ハオルシオプシス・九輪塔
Haworthiopsis reinwardtii

古くから親しまれているハオルシア。いわゆる硬葉系に入る種で、肌の爬虫類っぽいザラ感が魅力のひとつ。この種の葉色は、ロゼットの発生時期、経過時間により、赤、茶、緑、と少しずつ変化する。写真の株も複数の色のロゼットから成るが、ひとつのクローンである。

ガステリア・臥牛錦
Gasteria armstrongii

Gasteria
ガステリア

古典園芸にも通じる渋い味わい

肉厚な葉を重ねる姿は風格があり、日本の古典園芸にも通じる味わいがある。この属の代表種、臥牛(Gasteria armstrongii)は戦前から葉の幅の広い個体や斑入り個体が選抜育種されてきており、多肉植物のクラシックと言える。属の名前は花の形が胃袋に似ていることから、ラテン語で胃袋を意味する『gaster』から取られた。

近年の分子系統分析の結果、従来『硬葉系ハオルシア』の名で呼ばれてきた種類の一部が移されたハオルシオプシス属 Haworthiopsis と近縁であることが明らかになった。

上は黄縞斑入り(*G. armstrongii* Yellow Striped)。左上は斑の入っていないもの。学名は南アフリカのポートエリザベスに住んでいた多肉植物の愛好家ウィリアム・アームストロング William Armstrong (1886～1901) への献名である。東ケープ州にある港町ポートエリザベスの西方を流れるハムトース川 Gamtoos River流域に分布する。自生地は夏に雨が降り年間降水量は400～500ミリある地域で、草や潅木の生える小石混じりの土壌の平地や丘の斜面に生える。同じ場所には大きな球根植物のブーファン ディスティカ *Boophone disticha* やパキポディウム ビスピノスム *Pachypodium bispinosum* が生えている。自生地は限られているが違法採集と農地開発により破壊されつつある。栽培条件下では濃い緑色の葉をしているが、自生地では半ば埋もれ、露出した部分は日に灼けて周囲に散らばる小石の色に擬態しているという。日本では重厚かつ整った姿が愛好家に好まれ、選抜育種の対象とされてきたのでさまざまな優良系統が育成されている。

ガステリア グロメラータ(左上) *Gasteria glomerata*

他種に比べると比較的最近導入された種。東ケープ州西部のコウハ川 Kouga River 流域の特産で、標高500～700mの険しい断崖の日陰になりがちな南向きの岩陰に生える。自生地は夏に雨が降る地域で年間降水量は400ミリ程度である。幸か不幸か、自生地はダム建設がなされて容易には近づけない場所となった。花茎の長さは20cm前後になり2cmほどの花が下がって春に咲く。花と姿の両方が楽しめる良種と言えよう。

ガステリア・黒鶯囀(黒春鶯囀)(上) *Gasteria batesiana*

黒褐色の分厚い葉にはヤスリのようなザラ感があり、独特の存在感がある。ガステリア属としては最も北に分布し、南アフリカのクワズールー－ナタール州の中央部を流れるツゲラ川 Tugela River 流域からリンポポ州北部を流れるオリファンツ川 Olifants River 流域にかけて分布する。自生地は夏に雨が降る地域で、年間降水量500～600ミリで乾季と雨季がはっきりしている。標高500～700mにあるサバンナの急斜面や岩場の日陰がちな東側や南向きの岩陰に生える。産地が広いだけあって多種多様な姿をしており、産地による色や模様・形の差が見られる。

ガステリア・エクセルサ(左) *Gasteria excelsa*

東ケープ州の崖に生えるこの属の最大種。普通無地の濃緑の葉を四方に広げ最大直径75cmに達する。この種をもとに作出された園芸種「恐竜」は、大型で葉幅があり、先端が凹む形になるものが愛好家に人気がある。

Conophytum
コノフィツム属

水玉のような可愛らしい姿には生き抜くための工夫が詰まっている

コノフィツムは、リトープスとならんで、いわゆるメセン類(ハマミズナ科 Aizoaceae)を代表する高度多肉植物。属名はギリシャ語で『円錐形の植物』の意味で、この仲間の葉が円錐形をしている種が多いことから名付けられた。およそ110種が年間降水量50〜300ミリ未満の砂漠が広がる南アフリカ西部に分布し、特にナマクアランドに多様化の中心がある。

すべての種が多肉植物で、丸い玉のように見えるのは茎の先端にある一対の葉が融合したものである。その姿は実に多様で、透明な窓を持つ種や、色と形模様にも様々なものがある。主に秋に咲く花の色は白・黄色・桃色などがあり、夜に咲くもの・香りを放つものもあって多彩だ。

本属の植物は『脱皮をする』植物として有名である。生育期は秋から春で、暑く乾燥した夏は休眠する。春になると、そのシーズンの葉は干からびた皮のようになり、それに守られる形で翌シーズンの葉が入れ替わるように成長する。旧葉の水分を受け取った新葉は干からびた旧皮を破って次の成長期に姿を表す。

観賞植物として世界的な人気を集めるコノフィツムだが、各種の自生地が局限されることや、過放牧や鉱山開発、違法な採集などで多くは稀少種となっており、既に野生では絶滅した種もある。

コノフィツム ブルゲリ
Conophytum burgeri

珍奇な植物とは奇態なるものと思いがちだが、ブルゲリはその単純すぎる姿ゆえにビザールプランツの頂点に立つ。半球形水玉のような植物体には、ひっこみもでっぱりもなく、ツルツルでゼリーのように透明。おそらくすべての植物のなかでも、これほどシンプルでディテイルを持たないものは、他にない。ふつう単頭で育ち、二枚の葉は完全に融合して直径2〜3cmのたまねぎ状となる。学名は自生地のある土地の持ち主で、発見者でもあるウィリアム・バーガー Willem Burger への献名。唯一の自生地はナミビア国境に近いナマクアランドにあり、半透明の石英の小石に覆われている。年間降水量は50ミリ足らずで、冬も乾くが霧がしばしば発生するという。ブルゲリは石に半ば埋もれて生きている。栽培下では旧皮を取り除きツルツルの姿を楽しむことが多いが、本来は過去の葉の残骸である薄皮で幾重にも体を包んで強い日差しと乾燥から身を守っている(下の写真)。花は先端のわずかな割れ目から秋に咲く。自生地での個体数は250株未満。種子からの育成は難しくなく、広く栽培されるようになった。

コノフィツム ハメリ
Conophytum hammeri

ブルゲリのかわいらしい従姉妹。よく似た姿だが、より小型で、花は夜に咲く。学名は発見者であり、アメリカ人の植物学者でコノフィツムの大家として知られるスティーブン・A・ハマー Steven A. Hammer (1951年生) への献名。ナマクアランドの北の端にあたるリフタスフェルト Richtersveld 東部の一部に分布する。自生地の環境もブルゲリとよく似ている。基本的に単頭で、葉は完全に癒着してたまねぎ型、半透明で梨地肌、淡緑色をしている。直径は1.5cmほどと小型。花色はピンクや黄色などがあるが一様に薄い色あい。

コノフィツム ローディアエ サンギネウム
Conophytum roodiae subsp. *sanguineum*

コノフィツム属でもっとも入手が難しく、かつ栽培困難な種のひとつ。亜種名は「赤い」を意味する。自生地は西ケープ州と北ケープ州の境付近で、標高780～1250mの山地。砂が溜まった片麻岩のくぼみに砂に半ば埋もれて育つ。確実な自生地は1箇所しか知られておらず、個体数は500個体未満と推測されている絶滅危惧種である。透明感ある葉の高さは3cmほど、ルビーのような赤い色になるのが良い特徴。休眠期の夏は、しっかり遮光し、涼しく風通しのよい環境で過ごさせる。群生すると腐りやすいので、定期的に株分けする。

コノフィツム アウリフロルム(写真上)
Conophytum auriflorum

鮮やかな黄色の花が特徴的な小型のコノフィツム。明るい緑色の葉は、大きさ1cmあまりで、年々分頭して小山状の塊となる。北ケープ州西部のナマクア国立公園近くの山地に分布する。自生地は標高690～1000mの山地で、半透明の石英の小石や砂利で覆われる場所に生える。この中に半ば埋もれるようにして育つ。

コノフィツム マウガニー(写真上左、左)
Conophytum maughanii subsp. *maughanii*
(syn. Ophthalmophyllum maughamii)

透き通ったボディは、触るとゼリーのように柔らかい。赤やピンクに色づいて、果物やキャンディを思わせる。およそ生きている植物らしくない。自生地は北ケープ州西部のオレンジ川沿いの地域で、年間降水量50ミリに満たない砂漠で、春と秋に降水量のピークがある。半ば融合した一対の葉は、幅、高さとも2-3cm前後。多くは単頭だが、栽培下では群生しやすい。フォルムや色彩には産地ごとに変異があり、イチゴのような鮮やかな赤に染まるものからピンクやオレンジ、また瑞々しいグリーンまで様々だ。これは栽培環境によっても変化する。花は夜に咲き、ツンとくる匂いがある。(写真左上はPofadder産で、下はEksteenfontein産)

コノフィツム リトープソイデス ‘ケネディー’
Conophytum lithopsoides subsp. *lithopsoides* 'Kennedyi'
(syn. Conophytum kennedyi)

頂部に透明な窓をもつタイプのコノフィツムで、本種や前出のマウガニーなどとともに、かつてはオフタルモフィルム属(Ophthalmophyllum)に置かれていた。南アフリカ西部、ナミビアとの国境に近いナマクアランドの一部に分布する。場所はブルゲリの自生地に近い。標準的なコノフィツムリトープオイデスは赤茶色を帯びるもので、‘ケネディー’は肌が緑のタイプの呼称。昔から知られ、国内でも普及している美しい種類である。

コノフィツム アンゲリカエ テトラゴヌム
Conophytum angelicae subsp. *tetragonum*

亜種名は『四角形の』を意味する。1cmほどの大きさの葉は、その名の通り箱形で、濡らしたような光沢がある。花は赤茶色で夜に開花し、有香。北ケープ州西部のオレンジ川下流域にあるリフタスフェルト Richtersveld 地域北部とその反対側のナミビア南端の一部に分布する。標高700〜980mの砂漠地帯の山地で、石英の小石が地面を覆う場所や、岩の亀裂の奥に生える。栽培下では、夏の強光線は苦手で、風通しのよい棚下などで休眠させると良い。

コノフィツム プビカリックス
Conophytum pubicalyx

最も小さいコノフィツムのひとつで、うぶ毛に覆われた葉はマッチの頭ほど、直径3〜4mmしかない。すぐに群生して塊状に育つ。花は夜に開花する。やはり夏に腐りやすく、遮光と風通しなど管理に注意を払う。西ケープ州と北ケープ州の境、カミスバーグ Kamiesberg 地域東部の一部に分布する。自生地は標高600〜1070mの砂漠地帯で、年間降水量110ミリほどで秋に雨のピークがあり、冬にやや少ないものの月平均降水量10ミリ弱ある地域である。石英の小石が覆う平原に生える。

コノフィツム ヘレアンサス ヘレアンサス
Conophytum herreanthus subsp. *herreanthus*
(syn. *Herreanthus meyeri*)

二つに分かれた白い葉の高さは5cmほどになる。コノフィツムとしては葉の合着の程度が弱いために以前は1属1種の別属とされていた。成長も他の種とは違い、古い葉が新しい葉を覆うことはなく、リトープスのような葉の入れ替わり方をする。分頭しにくく株立ちになるには時間がかかる。北ケープ州西部のオレンジ川下流域にあるリフタスフェルト地域北東部のごく一部に分布していた。自生地は1ヶ所しか知られておらず、標高750mにある石英の小石が広がる場所であったという。発見された1920年代以降、園芸目的の過剰採集が繰り返され、1991年には数個体にまで減少、1997年に残された2個体の片方が枯れて、もう片方は放牧されていた家畜による損傷を受けた。その後、野生では20年以上再発見されず絶滅したと判断されている。

コノフィツム レガレ
Conophytum regale

コノフィツムといえば、古くからこうした葉の形のものが多く、その姿から「足袋型」と呼ばれて親しまれてきた。本種はそのなかでは最近紹介されたもので、高さ4cmほどになる葉の割れ目部分に透明な窓があるのが特徴だ。北ケープ州西部にあるオレンジ川沿いのフィウールスドリフ セトルメント Vioolsdrif Settlement 地域のごく一部に分布する。自生地は950〜1150mの山地で、石英の岩の割れ目に生える。自生地は1箇所しか知られておらず、500個体未満しか残存しないため、保全が必要となっている。

コノフィツム ペルシダム（上段）
Conophytum pellucidum

頂部の窓の部分に複雑な模様が入る。色彩もさまざまで、産地ごとの様々なタイプに、いくつもの亜種や変種が記載されている。勲章玉とも呼ばれている。

コノフィツム・ウルスプルンギアヌム（中段左）
Conophytum obcordellum subsp. *ursprungianum*

コノフィツム ミヌツム ヌドゥム（中段右）
Conophytum minutum var. *nudum*
(syn. *Conophytum nudum*)

コノフィツム キュビクム（下段左）
Conophytum cubicum

コノフィツム ビロブム ムスコシパピラツム（下段右）
Conophytum bilobum subsp. *bilobum* var. *muscosipapillatum*

リトープス・紅大内玉
Lithops optica 'Rubra'

原種の大内玉は灰緑色だが、ルブラはその色変異個体で、あざやかな紫色のボディを持つ。リトープスには、他にも各種でこうした色変異が出現しており、園芸的に珍重されている。

「生きる宝石」として 世界中で愛されてきたビザールプランツ

南アフリカ西部を中心に30〜40種がある。植物本体の姿はどの種も似通っており、葉は半ばまで融合し中央に割れ目がある。上端は切断したように水平で、そこには窓があって、種ごとに特徴的な色や模様で彩られている。この模様は周辺の小石等への擬態となっていることが多い。花は昼咲きで基本的に黄色か白。

生育の仕方も特徴的で、一対の葉の中央から新しい葉が出現し、古い葉が次第に吸収されて、やがて新しい葉に置きかわる。これを脱皮と呼び、栽培上はこの脱皮期間中に水やりを控えることが大切で、この時期の水分が多いと、二重三重に脱皮したり姿が乱れたりしやすい。

南アの言語学者デズモンド・ソーン・コール(Desmond Thorne Cole)氏は、50年以上をかけて各地を旅し、体系的にリトープスを収集研究した。その株や種子が世界各地の植物園や愛好家にフィールドナンバー付きで送られ、これが『コール ナンバー』と呼ばれるもの。例えば『C351』のように記される。

リトープス・メイエリ'ハマールビー'
Lithops meyeri 'Hammeruby'

菊水玉の紫色の色変異。1982年8月2日にメサガーデンの園主・スティーブン・ブラック Steven Brackとスティーブン・A・ハマー Steven A. Hammerによって基本種C272の産地で発見され、収集された個体が起源である。

リトープス サリコラ'マラカイト'
Lithops salicola 'Malachite'

これも、李夫人(*Lithops salicola*)と呼ばれるリトープスの色変異で、原種が灰褐色の肌を持つのに対し、マラカイトはヒスイを思わせる綺麗な緑色のボディをもつ。本種には他に紫色を呈する色変異、'Bacchus'もある。

【上段左から】

リトープス・紅大内玉
L. optica 'Rubra' C081A

リトープス ブロムフィールディー インスラリス 'グリーンモンスター'
L. bromfieldii var. *insularis* (syn. *L. bromfieldii* f. *sulphurea)* 'Green monster' C362

リトープス カラスモンタナ エバーランツィー 'アボカド クリーム'
L. karasmontana subsp. *eberlanzii* 'Avocado Cream' C370A

【中段左から】

リトープス・大津絵 'アクアマリン'
L. otzeniana 'Aquamarine' C128A

リトープス レスリーイ'フレッズ レッドヘッド'
L. lesliei 'Fred's Redhead '

リトープス・李夫人 C49
L. salicola C49

【下段左から】

リトープス レスリーイ レスリーイ ホーニー 'グリーンホーン'
L. lesliei subsp. *lesliei* var. *hornii* 'Greenhorn' C015a

リトープス ブロムフィールディー クラウディナエ ルブロロセウス
L. bromfieldii var. *glaudinae Rubroroseus*

リトープス・オリーブ玉
Lithops olivacea C109

ボディは端麗なグリーンで、頂面のほとんどが湖のように透き通った窓になっていて、とても美しい種。これは色変異個体ではない。赤みを帯びる個体群も知られているほか、栽培下で選抜された赤色変異、'Red olive'も人気がある。

Messembryanthemum (Aizoaceae)
その他のメセン類

ムイリア・宝輝玉
Muiria hortenseae (syn. *Gibbaeum hortenseae*)

リトープス、コノフィツムに匹敵する高度球型メセンで、ハンプティ・ダンプティのような姿と、栽培の難しいことで有名な種。球体は大きさは5cmほどで、ビロードのような産毛に覆われており、単頭か数頭立ちになる。自生地では石英の丸い小石に擬態していると考えられる。メセン類の中では最も栽培が難しい種の一つで、高温多湿の環境では腐りやすい。また、自生地の土壌に塩分が含まれるため、栽培でも岩塩を置いたりすることがあるが、そうしないと育たない訳ではない。一属一種の植物で、自生地の個体数は減少し続けている。

コーデックスから美花種まで魅力的な植物がたくさん

ハマミズナ科(Aizoaceae)は130属1800～2500種がある。大部分は多肉植物で、世界の熱帯・亜熱帯の乾燥地帯や海岸などに広く分布しているが、多様化の中心は南アフリカにある。この科の多肉植物を園芸的にはメセン類と呼んでいる。かつてこれらの多くがメセン属(Messembryanthemum)に含まれていたため。

鑑賞・収集の対象となるのは南アフリカを中心に分布する種類であり、葉と姿の色と形を楽しむものか、花を楽しむものか、で大別される。前者のなかで、丸く肥大した葉を持つ一群は、コノフィツム属、リトープス属とともに、『高度球型メセン類』と呼ばれており、第一級の珍奇植物が数多く含まれている。後者は『花物メセン』『草メセン』などと呼ばれ広く栽培されている。

フィロボルス・テヌイフロールス
Phyllobolus tenuiflorus (syn. *Sphalmanthus tenuiflorus*)

この属はメセンの仲間では珍しい塊根・塊茎を形成するため、コーデックスメセンなどとも呼ばれる。地下に大きな塊根があり、葉の表面には貯水細胞があってキラキラと輝く。地上部分は休眠期の夏になると枯れてしまう。

フェネストラリア五十鈴玉 'ファイアーワース'
Fenestraria rhopalophylla subsp. *aurantiaca* 'Fireworth'

棍棒状の長さ3～4cmの葉をロゼット状に展開する。葉の先端は平らで、そこは透明な窓になっている。軟葉系ハオルシア同様に自生地ではほとんど砂に埋もれ葉の先端だけを地表に出し、地下で光合成をする。

ディンテランサス・幻玉
Dinteranthus wilmotianus

骨のように白い肌をもつ高度に多肉化したメセン。リトープスと同様に脱皮しながら成長する。ナミビア南部から北ケープ州にかけて分布し、自生地では白い石英の小石に擬態している。盛夏は水を切って風通しのよい場所で休ませる。

アロイノプシス・唐扇
Aloinopsis schooneesii

地下にかぶら状の塊根があり、コーデックスメセンとして近年人気がある。地上部の葉の先端は平らで、自生地ではこの葉先だけが地表に出る。栽培下では鑑賞のため塊根を露出させる場合もあるが、土から出すと肥大は遅れる。

デロスペルマ スファルマンソイデス
Delosperma sphalmanthoides

デロスペルマ属は約170種があり、一部の例外を除きほとんどが南アフリカに分布する。いわゆる花物、草メセンの代表で、一般に育てやすい。そのなかで本種は、スファルマンサス属を思わせる房状の短い葉をつけ、直径15〜20cmのクッション状の塊に育つ特異なもので、栽培にもクセがある。北ケープ州の南端、ケープ フォールド ベルト Cape Fold Belt と呼ばれる南アフリカを横断する大断崖の一角に分布する。年間降水量は約200ミリの地域で、秋から冬に雨のピークがあるが夏にも一定の降水量があって乾ききる月は無い。寒さには強いが暑さに弱く、日本の高温多湿な夏が苦手。一方で、乾燥に弱い面もあるので、断水すると枯れてしまうこともあり、栽培が難しい。

ディプロソマ ルックホフィー（上）
Diplosoma luckhoffii

まるで海の生き物のような奇妙な姿のメセン。3cm弱の小さな植物体は、ほぼ透明で、貯水細胞が粒状に透けて見える。肉質はとても脆い。しかも、この葉の部分は成長期だけ生じるもので、春から秋は地上から消滅してしまう。地下に小さな塊根だけが残り、夏越しする。短命な多年草と考え、種子による世代交代をはからないと、栽培場から消えてしまう。

ディディマオツス・霊石（左上）
Didymaotus lapidiformis

この属にはこれ一種しかなく「霊石」というちょっと不思議な名前がついている。対に展開した葉の間から次世代の葉が覗くシンメトリーな姿が基本形で、メインの葉の両脇には、同じようなデザインの小さい"葉"が、生じる。ここから花茎が伸びて金属光沢あるピンクの花が咲く。花のつけ根は実は葉ではないので分頭したりはしない。西ケープ州西部のタンクア カルー Tanqua Karoo と呼ばれる地域の限られた場所に分布する。角ばった石が地面を覆う場所に生える。自生地では陽に焼けて赤くなり、周囲の風景に溶け込む。

ナナンサス属の一種 ネルスダム産（左中）
Nananthus sp. From Nelsdam

かぶら状に肥大する塊根から、濃緑の肉厚の葉を展開する、コーデックスメセン。上記の名前でMSG(mesemb study group 英国の愛好家組織)が配布した種子から育成したもので、*Nananthus spatulathus*に近縁のものと思われる。レモンイエローの花が濃色の葉に映えて美しい。

プレイオスピロス・帝玉（左下）
Pleiospilos nelii

卵を割ったような姿の、高度に多肉化した植物で、古くから栽培されているクラシックなビザールプランツ。自生地では周辺に転がる石に擬態をしている。南アフリカ西部、リトルカルーとグレートカルーの境に分布する。普及種だが、夏に水が多いとあっさり腐ってしまうため、長生きさせるには気をつかう。球体が紫色でマゼンタの花が咲く栽培品種ロイヤル フラッシュ Royal Flush も普及している。

ダドレア・仙女杯
Dudleya brittonii

この属の代表種。アメリカ合衆国の植物学者ドナルド・アレクサンダー・ジョハンセン Donald Alexander Johansen (1901生) によって1933年に記載された。学名はこの属の命名者の一人であるナサニエル・ロード・ブリットンへの献名である。本種はバハカリフォルニア北東部の限られた地域に分布し、海岸近くの斜面や崖に生える。本属の中でも著名な大型に育つ種で、株の直径は最大50cmほどに達するため見栄えがする人気種である。株は枝分かれせず、胴切りしても根元から再発芽しないため種子で殖やすしかない。そのため成長の遅さもあって常に品薄気味である。本種は必ず白いわけでは無く、自生地では白粉の多い白い個体と白粉の少ない緑色の個体が混生している。花は黄色で上を向いて咲き、花序の枝が短いので枝先に密集している。よく似た大型種のプルヴェルレンタ *D. pulverulenta* はより広範囲に分布しているため変異巾が大きい。一見しただけでは区別し難いが、葉がより幅広く、やや薄い。また、葉の地色が深いので青紫に見える個体もある。花序の枝は長く伸び、花は赤く下向きか横向きに咲く点で異なる。古株になると幹立ちする。

Dudleya
ダドレア

北米多肉の代表種 白い葉の色合いが魅力的

北米大陸南西部からカリフォルニア半島・メキシコ北西部に分布し、45種ほどが知られている。主に海岸近くから低山の岩場に生える。カリフォルニア州サンディエゴ周辺に分布の中心があるため都市開発などの影響を受け、程度の差はあれ多くの種に絶滅が危惧される状況となっている。

ダドレア属はエケベリア属に外見が似ているが、葉挿しができず、種によっては胴切り繁殖も不能である。そのため、それらが容易なエケベリアと違ってやや珍しさの度合いが高い。

また、主に、冬に降水がある地域に産するため、栽培下では大半が秋～春に生育し、夏には休眠する。日本の蒸し暑い夏は苦手で、下葉が枯れたりするのもある程度仕方がない。酷暑期には水を控えるが、反対に厳冬期をのぞく秋から春にかけてはたっぷり灌水し元気よく育てる。成長は早い。

ダドレア パキフィツム
Dudleya pachyphytum

アメリカ合衆国の植物学者でベンケイソウ科の専門家、博士号をダドレア属の研究で取得したリード・ベネーブル・モラン Reid Venable Moran (1916～2010) とマイケル・ベネディクト Michael Benedict (1940年生) によって1980年に記載された。公式に記載される前から、数人の多肉植物の専門家がこの未知のダドレアを報告していた。カリフォルニア半島の西にあるセドロス島 Isla de Cedros の特産種で、分布は島の北部の岩場に局限される。自生地は標高300～500mのしばしば霧がかかる場所で有名な刺サボテンの金冠竜やアガベと共に生える。残念ながら度重なる違法採集により原産地の集団は急速に縮小している。白粉で覆われる非常に肉厚の葉が特徴で、この白粉がやや薄く緑色を感じる個体もある。株の直径は20cm前後になり、枝を出して株立ちとなる。このような株は直径70cmに達するものもあるという。上向きの白い花が咲き、花序の枝は短く花が密集して咲く。写真の個体はやや葉が長く伸びており、他種との交配の可能性もある。

Echeveria
エケベリア

花のような姿と絶妙な色合い エレガントな多肉植物

エケベレア属はスイスの植物学者オーギュスタン・ピラミュ・ドゥ・カンドール Augustin Pyramus de Candolle (1778～1841) によって1823年に記載された。属名はメキシコの画家でしばしば植物採集旅行をおこなったアタナシオ・エチェベリア・ゴドイ Atanasio Echeverría y Godoy (1771～1803) への献名である。

メキシコを中心に、テキサス州から中米諸国・アンデス山脈に沿ってアルゼンチンにかけて分布し、約160種がこれまでに知られている。現在も中南米では新種の発見が続いているので種数はもう少し増えると予想される。主に乾燥地帯の岩場に生える。姿が花のようで美しく、大きさも色合いも多種多様で、綺麗なベル状の花も咲くため鑑賞植物として価値が高い。そのため野生種を楽しむばかりでなく、盛んに交配・育種がなされている。また近縁の他の属とも交配が可能で多くの属間交配種が流通している。エケベリア属は基本的に育てやすく、繁殖が簡単なため、幅広い層に受け入れられて園芸植物として楽しまれている。

エケベリア カンテ
Echeveria cante

大型の美しいエケベリアだが、葉挿しで増えにくいため、普及種とは一線を画している。メキシコの植物学者でサボテンと多肉植物の専門家アメリカの著名な園芸著述家、チャールズ・エドワード・グラス Charles Edward Glass (1934～1998) とメキシコ人の多肉植物の愛好家マリオ・メンドーサ－ガルシア Mario Mendoza-García によって1997年に記載された。変わった種小名はパメ－チチメカ族 Pame-Chichimeca というメキシコ中部に住む先住民族の言葉で『命を与える水』を意味する単語だと言う。メキシコ北部のサカテカス州 Zacatecas のごく一部に分布する。自生地は標高2200m前後の山の斜面で、アガベやコーデックスのノリナ属・マミラリア属のサボテンなどと共に生えている。全体に白粉を帯びているが、真っ白な姿が特徴で、地色が透けるため白にうっすらとピンク～ブルーを帯びた独特の色彩を呈する。秋になると与える水や肥料・気温と日照の取り方次第で紅色を帯びて一層美しい。株の直径は50cmほどに達する大型種である。その代わり脇芽を出すことは少ないので、胴切りして脇芽を出させる。花茎は長い枝を出し、オレンジ色のつぼ形の花が多数咲く。本種は1997年に真相が明らかになるまで、同じくエケベリアの名品、サブリギダ *E. subrigida* と長年にわたって取り違えられていた。

エケベリア コロラータ ‘メキシカンジャイアント’
Echeveria colorata ‘Mexican Giant’

この種はテキーラ発祥の地として知られるメキシコ中西部のハリスコ州 Estado de Jalisco に分布する。野生のものは葉の白粉の量に変異があり、真っ白なものから、ほとんど白粉のない緑色のものまで知られている。‘メキシカン ジャイアント’は1997年にオーストラリアのナーセリーが売り出したのが最初とされる。エケベリア コロラータの大型の選抜個体で、株の直径は30cmにも達する。

エケベリア ラウーイ
Echeveria laui

学名は発見者のドイツ人の神学者でプラントハンターのアルフレッド・ベルンハルト・ラウー Alfredo Bernhard Lau(1928～2007) への献名である。1974年7月に発見された。真っ白で肉厚の葉は殊の外美しく、姿も良く、株の直径は最大30cmほどになる。花は朱赤色で、花茎は枝分かれしない。あまりにも美しい種なので発表以来たちまち人気種となった。交配親にも多く使われ、素晴らしい種を生み出している。

エケベリア ストリクティフローラ
Eecheveria strictiflora

テキサス州西部からメキシコ北東部に分布し、エケベリア属としては最も北に分布する。標高1100～2100mにある南向きの崖や岩の割れ目に生える。ロゼットの直径は15～20cm、エケベリアとしては薄めの葉は白いものから薄緑色まであり、幅にも個体差・産地による差が大きい。写真の個体は葉が幅広のタイプである。花は長さ1.5cmほどの壺型で鮮やかなオレンジ色、花茎は枝分かれしない。マイナス5°C程度までには耐えられる。

Bromeliaceae（Dyckia）
ブロメリア（ディッキア）

ディッキア'ワサビ'

Dyckia 'Wasabi'

タイの育種家 通称Q氏の作出。2016年にBromeliad Society International（国際ブロメリア協会）の栽培品種に登録された交配種で、種子親は *Dyckia HU-5* 花粉親は *Dyckia 'Bill Baker'* 。強くうねる幅広の葉に、緑を彩る黄色と白の鋸歯が特徴。近年の栽培品種の中でも形・色彩ともに一際目を引く異質な品種で、そのカラーリングが気に入っている。日照量によって外見が変わりやすく、日照不足・水分過多でツルツルの緑になりやすい。そのため日照量の少ない冬季は乾燥気味に管理している。他品種と比べ若干寒さに弱めで根をいじられるのを嫌う。

エキゾチックな造形が魅力 パイナップル科の珍奇植物

属名はドイツ人の貴族で特にサボテンと多肉植物に深い関心を寄せた植物学者 ヨセフ ザルム-ライファー シャイト-ディーク候 Joseph zu Salm-Reifferscheidt-Dyck (1773〜1861) への献名である。

ディッキア属はこれまでに150〜170種が知られており、南米大陸に広く分布する。ブラジルに大半の種が集中しており、特にブラジル南東部は多様化の中心地である。ディッキアは海岸近くから標高2000mまでの、主に日当たりの良い岩場や崖・平原などに生えており、形と色の変化が大きい。

特に白系のものやメタリックな輝きを持つ種類には定評があり、近年は交配育種も盛んにおこなわれている。

ディッキア ブラウニー
Dyckia braunii

ブラジルのゴイアス州北部に分布し、小石に覆われた開けた平原に生える。種名は長年ブラジルの現地植物の調査に携わり、本種の発見者でもあるドイツのPierre Braun博士の名に因む。厚いトリコームに覆われた真っ白な葉に滑らかな赤い刺が特徴。*D. marnier-lapostollei* の近縁種とされるが、より小ぶりで現地では最大サイズでも株の直径は20cmに収まる。これより白いディッキアは自然界に無いと言っても過言ではない。白さと小ささが非常に魅力的。成長は遅い。所有株は細めの葉で特に白く鋸歯の間隔が詰まった良個体。主観ながら「渋いディッキア」とはこれではないかと思う。

ディッキア ヘブディンギー 刺無し個体
Dyckia hebdingii Spineless form

ブラジル南部リオ グランデ ド スル州原産。ラジェアド(Lageado)近辺では現在でもわずか数キロのエリアにいくつもの *D.hebdingii* のコロニーが点在している。これは実生からの刺無し選抜個体。きっちり日に当てて育てるとピンとした多肉質の葉が密集しボール状になる。一見ディッキアではなくティランジアに見える繊細でソフトな草姿が魅力的。控えめの灌水や強光線下、または冬季などストレスのある環境下では葉の先端がピンク〜赤に染まる。その姿も非常に美しいので自分は本種を締め作りと蒸し作りで育て分けて、表情の違いを楽しんでいる。

ディッキア ドーソニー ビル ベーカーズクローン
Dyckia dawsonii Bill Baker's clone

学名は本種を1956年に採集したアメリカの植物学者エルマー・エール・ドーソン Elmer Yale Dawson (1918〜1966) への献名である。ブラジル中央部のゴイアス州北部に分布する。自生地では標高400〜500mの丘が広がる地域の岩が露出した荒地に生える。株の直径は35cmほどになり、縁に大きな刺のある細く硬い葉を四方に広げる。花茎は普通40cmぐらいだが、大株では１mを超える。ディッキア育種の父と呼ばれたビル ベーカー氏の名を冠した、ビル ベーカーズクローンは特に細葉で葉の縁の刺が大きい選抜個体である。

ディッキア デリカータ
Dyckia delicata

D. hebdingii の近縁種と言われている。本種は岩が露出している崖や森の茂みの中に自生しており、ブラジル南部リオ グランデ ド スル州バーホス カサウ(barros Cassal)にある丘でのみ生息が確認されていたが、最近になって300kmも離れた同州ジャリ(Jari)でも本種と思われる種が発見された。

ディッキア マルニエール−ラポストーレイ
(マルニエル−ラポストレイ) 超広葉個体
Dyckia marnier-lapostollei Super wide leaf

原産地はブラジル ゴイアス州 ゴイアニアやクリスタリナとされているが、現在ではカンポセラード(サバンナのような地生)の農地化や都市化により多くの野生個体が消えてしまったと思われる。これはドイツの種子販売業者ケーレス Koehres の販売した種子をタイで実生して選抜された、圧倒的に幅広の葉を展開する個体。トリコームに厚く覆われた葉は傷つきやすいので他の鉢と距離をおいて管理する。

ディッキア'ヤクザ'
Dyckia rariflora 'Yakuza'

昨年急逝してしまったタイの育種家 Chanin Thorut 氏による *D. rariflora* の栽培品種。小型になった枝変わりだとされている。ディッキアの中では最小クラスで、最大でも直径5～6cmに収まる。栽培品種名の理由は不明。日照不足や養分・水分過多によって特徴が失われ大型化するので、灌水のタイミング・用土中の有機質の分量などに気を使う。

Bromeliaceae(Tillandsia)

ブロメリア（ティランジア）

主に森林の樹木に生える着生植物だが、一部は岩の陰や割れ目に生える。葉の表面のトリコームを通して体の表面に付いた霧などの水分を吸収する。

ティランジア ブラキカウロス
Tillandsia brachycaulos

メキシコ・中米諸国からベネズエラまで分布し、低地にある森林の樹木に着生する。開花期には全体が鮮やかな赤に色づいて美しい。さまざまなカラーバリエーションのある *T. capitata* と近縁とされている。やや高めの湿度と温度を好み、根も発達するので鉢で水苔植えにするとよく育つ。

ティランジア ハリシイ
Tillandsia harrisii

グアテマラの固有種で、低地にある岩の崖に着生する。花は筒状の深紫色、苞は朱赤色になり華やか。種名はエアープランツの愛好家として知られた故 Bill Harris 氏に由来する。ワシントン条約附属書Ⅱ類の希少種だが、商業的に量産されているので入手は容易い。葉は厚みがあり、表面を被うトリコームの毛も落ちやすいので慎重に扱う。

ティランジア カウツキー
Tillandsia kautskyi

学名は発見者のブラジルの植物学者ロベルト・カウツキー Roberto Kautsky（1924～2010）への献名である。ブラジル南東部のエスピリト サント州 Espirito Santo 南部に特産し、標高700～1200mの湿った森林地帯の木の幹や岩の上に着生する。全長5～8cmになり、銀色を帯びる葉は常に成長点を包むように閉じている。葉は多肉質ではなく紙質で意外に薄い。花は鮮やかな紫を帯びたローズピンクで、苞はピンク色。長さは5cmほどある。かつてはワシントン条約による規制対象種だったが、自生地が荒らされることがなく安定しているために外された。成長は遅く、少し気難しい。

ティランジア イオナンタ
‘アルボマルギナータ’
Tillandsia ionanhta ‘Albomarginata’

野生品はメキシコ中部からコスタリカまで中米に広く分布し、標高20～2200mまでの樹木の幹や枝・岩などに着生する。学名は『スミレの花』の意味で、鮮やかなスミレ色の花を咲かせることから名付けられた。平均的な株の直径は5～8cm、高さも同程度であるが、産地や個体による差はかなりあるので直径3cmくらいの系統もあれば、20cmを超える巨大なものもある。ティランジアとしては成長が早く、よく子吹きして殖えるので綺麗な株立ちに仕立てやすい。開花するときには全体が赤く染まって大変に美しい。‘アルボマルギナータ’は白覆輪斑の栽培品種で、通常のイオナンタよりも成長は遅いが性質は安定している。少し葉が焼けやすいので遮光を強めにすると良い。イオナンタは様々な栽培品種があるのでコレクションも楽しい。

ティランジア テクトルム
Tillandsia tectorum

ペルーからエクアドルにかけてのアンデス山脈に分布する。標高980～2700mの山の尾根や峰・崖の上などの日当たりと風通しが良く、気温が下がると湿った風が霧になって巻く場所に着生する。平均的な個体は株の直径15cmほど、高さ30cm程度であるが、産地による大きさの違いが見られ、小さいものは株の直径10cmほど、大きいものは直径30cmに達する。花茎はまっすぐに伸び、ピンク色の苞の間から紫色の花を咲かせる。銀葉系ティランジアの代表的なもので、綺麗なトリコームを保つためには風通しが良く乾燥した場所で管理したい。

ティランジア ドゥラティー ジャイアント フォーム
Tillandsia duratii Giant form

ドゥラティーには標準品の３倍ほどの大きさになるタイプが存在する。これがジャイアントフォームの名で流通するもので、起源は不明ながら迫力のある種類で素晴らしい。大きい分重いので、どうやって管理するかは迎え入れる前に考えておく必要がある。

ティランジア ドゥラティー 花
Tillandsia duratii Flower

花には香りもあって素晴らしい。このようなラベンダー色を基本とするが、黄色や茶色など珍しい色変わりがいくつか存在する。

ティランジア ストレプトフィラ
Tillandsia streptophylla

メキシコ南部からニカラグア、バハマ諸島・大アンティル諸島西部に分布する。熱帯多雨地域からサバンナ気候の低地から標高1200mまで広く分布する。主に森林の木の幹に着生している。株は直径20～30cm、高さ20cmほどで根元は大きく膨らんで隙間があり、葉の内側にアリを住まわせる『アリ植物』である。葉は株元へ折れ曲がりがちで先端は巻く。花茎は高さ40～50cmに達し、花茎と茎葉が赤く色づいて華やかである。花は紫色。根がよく発達し、また気温が高ければ水の要求が多い種類なので鉢植えかヘゴに付けて育てると良い。姿が面白いので交配親によく使用されている。

ティランジア クロカータ ジャイアント フォーム
Tillandsia crocata Giant form

普通品はブラジル南部からアルゼンチン北部・ボリビアにかけての地域に分布する。標高900～2700mの岩に着生する。普通品はよく枝分かれして固まり状に育ち、細い茎に銀色の葉が二列に並ぶ。この葉は乾燥すると巻いてくる。鮮やかな黄色の花は、その大きさからは想像できないほどの強い芳香を放って素晴らしい。意外にもティランジア ウスネオイデス *T. usneoides* と本種は近縁である。ジャイアントフォームは普通品の2倍ほどある大型タイプで、茎が長く迫力が増して素晴らしい。まだ珍しいので株立ちになったものを見ることはあまりない。

ティランジア ストラミネア
Tillandsia straminea

エクアドルからペルーにかけてのアンデス山脈に分布する。自生地は標高1000～2500mの半砂漠から森林まで幅広く、岩や樹木の幹に着生する。株の大きさは直径30cm前後、細長い花茎の先に薄紫色の苞と白地に紫の縁取りがある香りのよい花を咲かせる。稀に黄色の花を咲かせる個体も存在する。長年作り込むと大きな株立ちになり多数の花を咲かせるようになるので、育て甲斐のある種と言える。

ティランジア ブルボーサ
Tillandsia bulbosa

メキシコ南部～中米～南米大陸北部・ブラジル東部、西インド諸島に分布する。低地から標高1350mまでの森林の樹木の幹や枝に着生する。高さは5～30cm程度。花が咲くと茎葉と苞が真紅に色づく。常に全体が赤いものや斑入り、白花品があるが、入手難でマニア垂涎のものとなっている。日陰を好み、また乾燥を嫌うので鉢植えかヘゴづけにするのが良い。

Bromeliaceae (Hohenbergia)
ブロメリア（ホヘンベルギア）

属名はヴュルテンベルク公国（現在のドイツ南部にあった国）の王族で探検家／博物学者のヴュルテンベルクのポール・ヴィルヘルム王子 Paul Wilhelm von Württemberg (1797～1860) への献名である。綴りが違うのは彼がアメリカ大陸探検中に『Baron von Hohenberg』と名乗っていたからとされている。

ホヘンベルギア属はもともと2つの亜属で構成されていたが、2017年に主にカリブ海諸国に分布していたウィットマッキオプシス亜属がウイットマッキアWittmackia属として再分類された。タンクブロメリアは筒の中に水を貯めロゼットの中心や葉腋から水分や養分を吸収している。

ホヘンベルギア レオポルドーホルスティー 矮性個体
Hohenbergia leopoldo-horstii Dwarf form

ブラジルバイーア州が原産地とされているホヘンベルギアの代名詞的な地生の壺形種。実生のものも多く出回っているので普及しているものには形態の幅が広い。本種の同定まで紆余曲折の経緯があったようで、今も研究は続いている。こちらは自家受粉種の実生から生まれた太く短いバケツのような形の矮性個体で、特筆すべきは、艶のある波打ったフック状の鋸歯。この鋸歯を見ると *Aechmea* など他属とのハイブリッドの可能性もあるように思える。タンクブロメリア全般に言えるが、日照不足では徒長し陽が強すぎると葉焼けするので適切な光量と日照時間を調整するのが難しい。

ホヘンベルギア属の一種　ブラジル産
Hohenbergia sp. Brazil

上記の名で流通しているこの個体はドイツのハーマン・プリンスラー氏からタイのコレクターに渡り増やされたもの。レオポルド・ホルスト氏Leopoldo Horst (1918～1987) とドイツのハイデルベルグ大学(※)で研究していたウエルナー・ラウー教授 Prof. Werner Rauh (1914～2000) が現地で採取しドイツに持ち帰った個体に似るものがあるが、同一種かは不明。撮影時は冬の日照不足で色が褪せているが、日照条件の良い夏季はグレー～紫がかった葉色に染まる。細長くシャープな形はずっしりとした壺型とは異なった渋さがある。
(※)Ruprecht-Karls-Universität Heidelberg

Bromeliaceae(Hechtia)
ブロメリア（ヘクチア）

ヘクチア属はテキサス州南部からニカラグアまで分布し、60～70種が知られている。種分化の中心はメキシコで、多くの種がメキシコ産である。この属は雌雄異株が特徴である。

ヘクチア ラナータ　艶葉個体
Hechtia lanata

メキシコのオアハカ州南東部の特産。低山の岩場や急斜面に生える。自生地ではこのような艶葉個体と白葉が混在し、艶葉の方が希少。タイプ標本が紛失して実態が不明となっていたため、長年に渡って *Hechtia* sp Nova Oaxaca という名で流通していた。ディッキアと異なり雌雄異株のため採種しづらく、株分けも難しいため普及が進まない。成長はゆっくりだが他のヘクチアと一線を画したツヤと幅広のうねる葉が美しい。これはまだ若い株で小さい。

ヘクチア属の一種
イダルゴ州産
Hectia sp. Hidalgo

ドイツの種子業者で多肉植物とサボテンを多く取り扱うケーレス社より上記の名で取り寄せた種子を播いて育成したもの。詳細不明であるが、白っぽいテクスチャーと赤く染まった葉とのコントラストが美しいひと鉢となった。ヘクチアなので刺は荒々しい。

Bromeliaceae(Other)
ブロメリア（その他）

パイナップル科 Bromeliaceae は約51属約3500種が知られる大きな科であるだけに、珍種・奇種・美種、いずれも枚挙にいとまがない。そのすべてを紹介できないが、性質面で変わっているものを一種ご紹介する。

ピトカイルニア ヘテロフィラ
Pitcairnia heterophylla

属名はスコットランドの医師で植物学者ウィリアム・ピトケアン William Pitcairn（1712～1791）への献名である。ピトケアニア属は約400種を擁する比較的大きな属で、パイナップル科中、唯一新世界以外に分布するピトケアニア フェリシアナ *P. feliciana* がある。ピトケアニア ヘテロフィラはメキシコ中央部から南米大陸北部にまで広く分布する。自生地は標高400～2100mの森林や岩盤の露出した岩山の上で、木の幹や岩に着生する。パイナップル科としては例外的な落葉性の種で、長さ60cmほどのススキのような細長い葉が成長期に茂り、秋にこれが落葉して代わりに刺だらけの細い葉が根元に茂り、休眠期に入る。この2種類の葉があるために『異なった葉』を意味する学名が名付けられた。花は休眠期明けの春に咲き、白花品もある。

Cape Bulb
ケープバルブ

「花の王国」の主役
ケープバルブの驚くべき多様性

南アフリカの大地はひと雨降れば花に覆われる。もちろん、その中には木も一年草も多肉植物もあるが、もし球根植物が無かったならば画竜点睛を欠くだろう。南アフリカの球根植物は実に多種多様で、春の切り花として欠かせないフリージア、初夏の花壇を飾るグラジオラスなど、身近な花として四季折々に我々の生活を潤してくれている。

しかし、花ばかりが南アフリカ産球根類の魅力ではない。ヒガンバナ科(Amaryllidaceae)やキジカクシ科(Asparagaceae)などには、葉姿の美しいもの、面白いものや、球根そのものが鑑賞価値を持つものが多数あり、近頃はこうした南アフリカ産の球根類をケープバルブと総称して楽しむようになってきた。これまで一部の愛好家にしか知られておらず、研究もされていない未記載種すらある。

多くは秋から冬に雨が降る地域の原産で、日本での栽培でも秋〜春に葉を出すものが多いが、なかには夏型もある。いわゆる冬型種は寒さに強いものが多いが、美しく育てるためには、鉢の中の水が凍らない程度の保温は必要で、昼間はポカポカと暖かい日あたりの良い場所で管理したい。

ブルンスヴィギア グランディフローラ
Brunsvigia grandiflora

この属には地面に伏せるように葉を拡げる種が多いが、本種は波打つ葉が立ち上がる面白いもの。葉は秋から春に茂り、休眠期の夏は落葉する。球根の直径は15〜20cmにもなる。株はふつう単頭。花は秋に開花し、ピンク色の花は約3cmあり、それを30〜60輪も直径40cm前後、高さは80〜100cmの壮大な球状の花序に咲かせる。南アフリカの東部に広く分布する。自生地は主に夏に雨が降る温暖湿潤な気候の地域で、標高300〜2200mの湿った草原に生える。夏降雨地帯なのに冬型とは奇妙な気がするが、日本でも広く見られるヒガンバナを考えると良い。栽培では落葉している夏の間は水を切った方が安全。

エリオスペルマム プロリフェルム
Eriospermum proliferum

マツの芽生えかスギナのような姿で、高さは5cmほど。地中に芋がある。葉の本体の長さは1cm前後だが、そこから多数伸びた長細い部分は「付属器(付属体)／enation」と呼ばれ、葉の表面組織が突出したもの。本属にはこの「付属器」を有する種が多くあり、特徴となっている。西ケープ州西部に分布し、自生地は主に冬か、秋と春に雨の降る地域で、ところどころ草の茂る砂地に生える。エリオスペルマム属の奇妙な形は分類学者たちを悩ませ、かつては独立の科を立てられたこともあった。現在はキジカクシ科スズラン亜科の中で、初期に他の群の共通祖先から分かれ独自の進化を始めた群だと考えられている。芋の各所から芽と根を出すので、芋を露出させて植えると成長が悪い。

ブーファン ハエマンシフォリア

Boophone haemanthoides

最大50cmにも達する巨大な球根は、自生地でも大部分が地表に露出している。成長期の秋から冬には、強く波打つパウダーブルーの葉を扇のように展開し、迫力ある球根とあいまって大変魅力的な植物である。自生地は南アフリカ西部からナミビア南西部の冬に雨が降る地域で、標高15～800mの乾燥した平原や岩場に生える。大変長命で100年以上生きている個体もあるという。花は葉が枯れた後に咲き、太い花茎の先に白からピンク色へと変化する雄しべの長い小さな花が多数密集してハエマンサスの花を思わせる。本種を含め、本属の多くの種は冬型の成長をするが、代表種ディスチカ(*Boophane disticha*)には、分布域によって夏に葉を出し、冬に落葉する型もある。いずれも葉のある時期に水をやり、落葉したら水を切るのが栽培管理の基本になる。

ハエマンサス クリスプス
Haemanthus crispus

対生する２枚の細長い葉は、縁に細かなフリルが入り、独特の姿に育つ。葉は長さ10〜20cmで裏側に紫褐色の横縞模様がある。葉縁の波打ち具合には個体差がある。株は長じると群生して、夏に咲く花は真紅の苞に囲まれてカップ状なので、まるでチューリップ畑を思わせる眺めとなる。ピンクの花を咲かせる個体群も知られている。西ケープ州北西部から北ケープ州西部のナマクアランドをと中心に分布する。自生地は主に冬に雨が降る乾燥した半砂漠地帯で、標高350〜900mの石の多い平原。

ハエマンサス デフォルミス
Haemanthus deformis

地面にべたりと広がる２枚の葉は長さ7〜28cmあり、幅広で厚みがあるので重量感がある。自生地は南アフリカの東側、クワズールー－ナタール州から東ケープ州の北東部にかけてで、夏に雨が降り冬はあまり降らない地域。年間降水量は500〜1400ミリで、春から夏に雨のピークがある。森林内の石の多い斜面で、一年中日陰の湿った場所に生える常緑の球根。丈夫な植物だが、日本での栽培では、厳寒期に葉が枯れることが多く、開花期はやや不定で春か秋に咲く。白い花びらのような部分は苞でこれに多数の小さい花が包まれて長い雄しべだけが見えている。

クロッシネ グッタータ
Crossyne guttata

西ケープ州南西部に分布する比較的小型のケープバルブ。自生地では春と秋に雨が多く降り、年間降水量は350〜550ミリ。標高1100mまでの平原や山の緩やかな斜面に生える。葉は４〜６枚が地面に広がり、学名の『斑点のある』という意味のとおり、葉の付け根に紫褐色の細かな斑点がある。若い苗の、特に出葉したばかりの時期は、葉縁に金褐色の剛毛が密生し、インパクトある姿だが、大きく育つと毛は目立たなくなる。秋に咲く花は太い茎が20cmあまり立ち上がり、そこに長い花柄を持つ１cm強のピンクから小豆色の花を200輪前後も咲かせて打ち上げ花火のような形になる。

ブルンスヴィギア ボスマニアエ

Brunsvigia bosmaniae

自生地では、花どきになると、くす玉のようなピンクの花が無数に咲く。この時は彼岸花と同様に葉が出ておらず、花だけが荒野に林立する光景は、世界の花風景の中でも屈指の眺めである。南アフリカ西部からナミビア南西部荒野に分布し、砂漠や半砂漠地帯の平原や緩やかな斜面に生える。花後に出る葉は長楕円形で６枚前後あり、互いに重ならないよう地面に放射状に伏せ広がる。直径20〜40cmにもなる丸い花序に多数の良い香りの花を咲かせる。花色は普通ピンク色であるが、写真の株は原産地採取の種子の実生から出た珍しい白花の個体。

ブルンスヴィギア ラドゥラ クネルシュフラクタ産

Brunsvigia radula from Knersvlakte

小型のブルンスヴィギアで一対の葉の長さは5〜8cm程度。むしろマッソニアなどを思わせる形をしている。葉の表面には剛毛が生えていて異質な印象を受ける。花北ケープ州北西部の一部に分布する。自生地は冬に雨が降る地域で、ドロマイトや石灰岩の尾根筋、あるいは岩の割れ目や窪みに生える。花は秋咲きで、花茎の高さ10cmあまりで、長さ３cmほどのピンク色の花が2〜５輪咲く。本種は確実な自生地が数カ所しか知られておらず稀産で、鉱山開発と違法採集によって個体数が減少し続けている絶滅危惧種。

ダウベニア オーレア

Daubenya aurea

北ケープ州南西部のごく限られた場所にのみ分布。産地は数カ所しか知られていない。長さ10cmほどの２枚の葉が対になって地面に広がり、その中央からチューリップを思わせる鮮明な赤または黄色、稀にオレンジ色や黄色に赤色が差す花を咲かせる。この花は一つの花ではなく、5〜20輪の花。外側の花は６枚ある花弁のうち、外側の３枚が大きく発達して独特の形を成している。構成はアジサイと同じ装飾花と言える。生育期は秋〜春。葉のある時期は水をたっぷり。落葉する春〜秋は水を切って涼しい日陰で管理。

ゲシリス グランディフローラ
Gethyllis grandiflora

多数の糸状の葉を放射状に展開し、海の中のケヤリムシのような姿の植物。地中には野草のノビルのような丸く白い球根が埋まっている。白ないし薄いピンク色の花は、蝋細工のようなツヤと質感を持ち、芳香がある。休眠中の夏に葉のない状態で咲く。ケープ州北西部のナマクアランドに分布し、自生地は冬に雨が降る地域で、標高200～900mのところどころ潅木が生える平原や荒野に生える。

ゲシリス リネアリス
Gethyllis linearis

青みを帯びた葉は細いリボン状で、くるくると渦を巻いてコルクの栓抜きのような姿をしているのが特徴。こうしたスパイラルリーフの球根植物は南アフリカに多数あって、どれも人気を博している。本種は西ケープ州北西部から北ケープ州西部に分布し、主に冬に雨が降る地域の標高140～450mの乾燥した平原に生える。花は夏に咲き、白か薄いピンクで直径3cm前後、クロッカスに似た形。この属の植物は成長がとても遅く、球根はなかなか太らない。

エリオスペルマム ケープエンシス
Eriospermum capense

顕著な「付属器」がないエリオペルマムで、丹精な葉姿と、赤く染まる葉柄と葉裏がポイント。地下にはジャガイモのような形の芋がある。冬成長型で夏は落葉して休眠する。南アフリカ南西部(北ケープ州南西部～西ケープ州・東ケープ州西部)に広く分布する。主に冬に雨が降る地域の標高60～650mにある石の多い粘土質土壌の草原や斜面に生える。

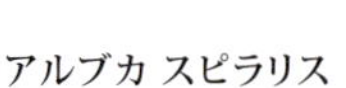

アルブカ スピラリス
Albuca spiralis

くるくる巻いた葉がかわいらしく、また丈夫で育てやすいので、広く栽培されているケープバルブ。南アフリカ西部に広く分布する。自生地は主に冬に雨が降る地域で、夏の休眠期には葉が枯れる。標高60～2225mの石の多い平原や斜面に生える。葉は高さ10～12cmで、中程からバネのような形に巻くのが特徴である。巻き加減は産地や個体による差が大きい。写真は原種だが、巻きの強い良系統も選抜され、生産・販売されている。春に咲く花は緑色を帯びた明るい黄色で芳香がある。

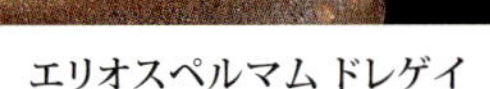

エリオスペルマム ドレゲイ
Eriospermum dregei

葉の高さは5～7cm、平たい葉の部分から伸びる枝状の毛の生えた部分は、この属の特徴でもある「付属器(enation)」で、逆光に透かすと樹氷のように輝いて美しい。だがなぜこんな奇妙な形になったのかは不明である。花は白で、高さ10cmの花茎をまっすぐ伸ばして咲く。地下には芋があり、時に横長に伸びる。東ケープ州のポートエリザベス周辺の固有種。自生地は春と秋に雨のピークがあり年間降水量は約380ミリで、栽培では冬型。学名はフランス系ドイツ人で南アフリカ産植物の収集・栽培をおこなった園芸家／探検家のヨハン・フランツ・ドレージュ Johann Franz Drège (1794～1881) への献名である。

ブルビネブルインシー
Bulbine bruynsii

土筆のように地表から立ち上がった棒状の葉は半透明で、表面に浮き出た凹凸が目を引く。本属で最も魅力的な姿のものの一つだが、入手は難しい。この葉は休眠期には枯れて無くなる。花は黄色で9〜15輪がやや俯いて咲く。西ケープ州と北ケープ州の州境に近いナマクアランドのごく一部にのみ分布し、自生地は主に冬に雨が降る地域で、小石の多い砂地に生える。葉は通常2枚で高さ6〜12cm。産地はごく限られている。その姿からツクシ玉の愛称もある。

ブルビネ メセンブリアントイデス
Bulbine mesembryanthemoides

学名は『メセンブリアンテマのような』の意味で、葉の先に窓を持つメセン類のような葉をしていることから名付けられた。葉は直径１〜２cm高さは２〜５cmで、最初は先が尖っているが、乾燥が進むにつれて葉先から水が抜けたように萎びて先端を切断したような姿になる。写真の栽培株はメタボ気味で、ハオルシアのような姿になっている。南アフリカ南西部に広く分布し、自生地は主に冬か、秋と春に雨が降る地域である。標高120〜1400mの乾燥した平原や岩の多い斜面、岩の隙間などに生える。花は春に濃い黄色の可愛らしい花を数輪咲かせる。

ブルビネ ハオルシオイデス
Bulbine haworthioides

地面に星型に広がる葉は表面が透明な窓になっており、網目状の模様が入るので、多肉植物のハオルシアを思い起こさせる。西ケープ州北西部の一部にのみ分布するが、確実な産地は１ヶ所しか知られていない。自生地では主に冬に雨が降り、石英の小石が多く散らばる場所に生える。ハオルシアと異なるのはこの葉が潜らないことと、夏の休眠期には枯れて地上部からは姿を消してしまうこと。花は黄色で、高さ15cmほどになる細い花茎に穂になって咲く。本種は産地が極限される稀産種であり、違法採集と鉱山開発が種の存続の脅威となっている。

アルブカ ディルクラ
Albuca dilucula (syn. Ornithogalum diluculum)

一枚だけ出る厚みのある葉は青みを帯びて肉質の隆起で縁取られる。この特徴的な葉は休眠期の夏には枯れる。南アフリカのグレートカルー南西部からリトルカルー西部に分布し、自生地は年間降水量約160〜200ミリの砂漠地帯で、冬か、秋と春に降水量のピークがある地域である。標高100〜600mの石だらけの荒野に生える。春に中央に緑色の線が入る明るい黄色の花を俯いて咲かせ、高さ25cmほどの真っ直ぐに伸びる花茎に5〜７輪をつける。花が咲く時には葉は枯れるか、萎び始めている。アルブカスピラリスとはまったく違った美しさを持つ珍種。

Orchidaceae
オーキッド類（ラン科）

パフィオペディルム ベナスタム
Paphiopedilum venustum

シグマトペタルム亜属に分類される種で、1888年に記載された。インドのアッサム地方、バングラデシュ北東部、ヒマラヤ東部、ブータン、ネパール、中国雲南省の標高1,000～1,500mの湿度の高い崖下や、斜面に自生している。血管が浮き出たような特徴的な唇弁が特徴で、パフィオペディルムの中でもひときわ存在感を放つ。葉表面は蛇柄のような模様で、葉裏は鮮やかな赤紫色をしている。これは陰性植物の巧みな戦略で、蛇柄の構造は光を葉内で乱反射し無駄なく光合成をする仕組み、赤紫の色素は葉表面から取り込んだ光を葉裏から漏れないようにする工夫である。比較的小型の種で成長も早いが、栽培は高めの湿度を好む。色彩変異も多く、アントシアニン色素を欠くアルバ品種は特に人気が高い。

血統が全て記録されている植物界のお手本的存在

植物界において最大クラスの種数を包括する科で、野生種では現時点で約800属25,000種の報告がされている。加えて、虫媒花として最も進化した植物と考えられており、出現してからの種分化の歴史も新しい。従って種間交雑はもちろんのこと、属間交雑も起こりやすく、人工的な交配も盛んである。交配種は現在300,000種を超え、野生種、交配種ともに日々、新たな新種や新品種が登録されている。

また、サンダースリストと呼ばれる交配種の登録制度があり、ＲＨＳ（英国王立園芸協会）で管理されている。園芸植物として唯一「戸籍」を持つことから、すべての交配血統が確認できる点でも非常に特異な存在である。

パフィオペディルム インチャーム ゴールド
Paphiopedilum In-Charm Gold

2006年にインチャームオーキッドにより登録された品種で、交配親は(Emerald Magic x *helenae*)。母親に緑整形花、父親にパフィオペディルム亜属の小型原種を使用した、所謂ノヴェルティ交配で、交配の進んだ品種に特徴の際立った原種を交配することで、観賞価値の高い品種を作出するとともに、今までと違った系統を確立することが狙いでもある。栽培適温は15～30℃、越冬のみなら5℃でも可能で、夏できる限り涼しく管理するとよい。遮光率は50～75%で、鉢内環境は保湿と通気の両方を好む。また、葉の隙間に水が溜まると、軟腐病が発生しやすいため、株上から灌水しないほうが無難。

セロジネ メモリア オカミ
Coelogyne Memoria Okami

新宿御苑にて、昭和初期に作出された古典的品種。旧名はShinjuku No.7で、交配は(Shinjuku x *Intermedia*)。新宿シリーズには十数のナンバリングが存在している。旧名はあくまで通称であったため、千葉県の須和田農園が2001年にサンダースリストに正式に登録。シリーズ中では、花茎はやや斜上する傾向がある。昭和初期において、洋ランの育種・栽培技術の向上に貢献した岡見義男氏に捧ぐ品種名。原種組成は*speciosa*、*cumingii*、*cristata*、*tomentosa*が各25%ずつである。栽培は容易で遮光は30～40%、温度は5～35℃、灌水はやや多めに管理する。強健な性質、花サイズ、輪数、色彩等の優良性はまさに、模範的な育種の成功例といえる。

グッディエラ ヒスピダ
Goodyera hispida

日本にも自生するシュスランやミヤマウズラ等を包括する属で、葉の色彩や模様が大変美しいことから、近縁属を含めジュエルオーキッドと呼ばれる。類似系統が多い属であるがGoodyera属の花は萼片が合着せず、柱頭が分岐しないことが特徴。葉の模様は、葉緑素を欠いた所謂斑入りではなく、*Paph. venustum*と同じく光を葉内に効率よく取り入れる、細胞間隙と呼ばれる構造の賜物である。成長が早く栽培は容易だが、湿度を高く保ち、高温になりすぎないように工夫するとよい。茎は地表を匍匐し、各節から根を出すため、数節毎にカットすることで効率的に増殖できる。また、水槽内でも管理しやすいことから、ビバリウムにもよく利用される。

オエセオクラデス スパツリフェラ
Oeceoclades spathulifera

南アフリカやマダガスカル、南米、東南アジア、オーストラリアなど広く分布する。分布域に統一性がないように思えるが、プレートテクトニクスにおいて過去に存在した、ゴンドワナ大陸が分裂した際に現在のように散在したと考えられる。褐色の迷彩模様の葉をした種が多く、観葉植物としての価値も高い。枯れ葉や岩に擬態し、草食動物の目を避けていると考えられ、日本の身近な種ではキンポウゲ科のユキワリイチゲに同様の戦略が確認できる。比較的遷移の進んでいない岩場や明るい林床に自生するため、採光を意識し、成長期は灌水を多く、冬はやや湿り気味程度にするとよくできる。最低温度は5℃を保つことができれば十分である。成長は遅いが、基本的に強健。

スピランテス スペキオーサ
Spiranthes speciosa

属名のSpiranthesは、ギリシャ語の『speira(螺旋)+anthos(花)』に由来する。その名の通り、螺旋状に配置される花が特徴で、夏によく見かけるネジバナもこの属に含まれる。南米大陸に広く自生し、標高1,200～3,000m落葉・半落葉樹林のある湿り気のある平地や林床、勾配のある林縁に、地生もしくは半着生する。開花期である冬は比較的乾燥した気候になり、赤い苞葉は花後もしばらく残る。栽培は、クール種にあたるため、夏を涼しく過ごす工夫を講じることがポイント。産地により2タイプの葉があり、北部タイプは無地葉、南部タイプは細胞間隙による白い斑点のついた葉をつける。

Sarracenia・Nepenthes 他

サラセニア・ネペンテス 他

サラセニア プシタキナ
Sarracenia psittacina

北アメリカ原産で8種類の原種で構成される。サラセニアには葉が横に展開するタイプと、縦に直立するタイプがあり、本種は前者にあたる。葉は筒状で内側は逆毛が生えており、匂いに誘引された昆虫が一度入り込むと逃げられない仕組みになっている。筒内の共生細菌によって獲物は分解され、栄養を獲得している。日本の平地と似た温帯環境に自生するため、栽培は食虫植物の中では最も育てやすい属である。湿地の植物のため腰水は必須で、一年を通し屋外で栽培する。春～秋は十分な日光に当て成長させ、冬はしっかりと休眠させることが栽培のコツ。プシタキナは属中最小種で、和名はヒメヘイシソウ(姫瓶子草)。腰水は高水位を好む。

特別な進化を遂げたキングオブ珍奇植物

食虫植物とは、食虫機能を獲得した植物の総称であり、現在は13科20属、約600種の報告がある。多くの種類は湿地・湿原といった貧栄養の土壌に自生するため、この様な機能を獲得したと考えられている。食虫植物には下記の定義があるが、実際にこの4条件を満たす種類はモウセンゴケ科とタヌキモ科のムシトリスミレ属程度である。

①獲物の誘引 ②捕獲運動 ③消化酵素生成 ④吸収

また、主に5つの補虫様式が存在する。

・落下式:ウツボカズラ属、サラセニア科など
・粘着式:モウセンゴケ属、シトリスミレ属など。
・挟み式:ハエトリグサ属、ムジナモ属
・吸引式:タヌキモ属
・迷路式:ゲンリセア属

ヘリアンフォラ ミノル
Heliamphora minor

食虫植物の中で最も原始的とされている属で、ベネズエラ南東部のギアナ高地固有の食虫植物である。テーブルマウンテンと呼ばれる、一年中雨や霧が発生している湿潤冷涼な環境に自生する。葉は筒状になり雨水を貯め、葉先にはヘルメット形のネクタースプーンと呼ばれる器官を形成、分泌物を舐めに来た昆虫を落下させる仕組みになっている。捕獲された昆虫はサラセニアと同じく共生細菌によって分解吸収される。種類により差があるが、適温は約10～25℃、湿度は100%に近い環境を好むため、温室がない場合は、水槽やケースで管理する。完全には密閉せず、通気ヶ所をいくつか設けておく。夏は冷房設備や小型ファンを利用するとより安全である。

ドロセラ ニチヅラ
Drosera nitidula

ドロセラ プルケラ
Drosera pulchella

葉の表面の粘液で昆虫などを捕食、消化吸収する。ピグミードロセラとも呼ばれ、モウセンゴケの仲間の中でも小さい部類に入る。花色は個体差が大きく、ピンク系、白系、オレンジ系など様々。気温が低下してくると葉先にムカゴを作り、種子以外での繁殖も可能。寿命は数年と言われている。腰水栽培などに適しているが、夏場は暑がるので風通しの良い場所での管理を心がけると良い。アブラムシやナメクジの食害の可能性があるため置き場所には留意する。モウセンゴケの毛氈とは、群生した様子が茶道などで使用する赤いフェルトの敷物から由来する。

ネペンテス レディ ポーリン

Nepenthes Lady Pauline

スリランカのBorneo Exoticsにより2006年に作出された比較的新しい品種。*talangensis*の形と*maxima*の大きさを得ることを目的とした品種であろう。ともに高地性の交配にではあるものの、両親ほど暑がらないため、栽培をこれから始める人にも推奨の品種。秋から春はなるべく日光に当て、夏は40パーセントほどの遮光をし、涼しく管理することが栽培のポイント。また、ネペンテスは下位と上位で補虫袋の形が大きく違い、補虫機会の差による進化の結果と考えられている。種類によるが、下位袋は濃色で丸味をおび、上位袋は緑味が強く、漏斗状で細長い。湿度50～80%の条件を用意することができれば、完成度の高い補虫袋を鑑賞することが出来るだろう。

Jungle Plants
熱帯雨林植物

迷彩から極彩色まで 密林のマニアック植物

熱帯多雨林は地球上で最も多種多様な生物が生息する環境であり、植物もその例に漏れない。中でもボルネオ島を中心とする東南アジアの熱帯多雨林はバナナやサトイモのような重要な食料源となる植物の原産地であり人類の初期の文明を支え、また古くから香辛料の産地として人々を冒険に駆り立て、あるいはエキゾチックな魅力溢れる花や葉を持った植物の原産地として園芸の世界を賑わせ人々の暮らしを豊かにしてきた。その魅力は今も変わらず、毎年のように不思議議な魅力を持った植物が発見され続けている。

熱帯植物は非耐寒性、すなわち摂氏０度以下の温度に耐えられない植物がまとめられる。その中でも通常は多肉植物やサボテン類・ランは別カテゴリにされ、用途の点から熱帯果樹も分けられる。その中でハイビスカスのように花を見るものと、ここで取り上げるアグラオネマやベゴニアのように葉を見るものに便宜的に大分される。多くのものは非耐寒性であるだけでなく、高い湿度を要求する。ただし熱帯だからと言って暑いのが好きとは限らず、渓流沿いや熱帯山地の植物には25度以上の高温に弱い種類もあるので自生地の環境への理解を欠かすことはできない。

そのように豊かな東南アジアの熱帯多雨林だが、かつては森林伐採と農地開発・現在はアブラヤシなどの経済植物のプランテーション開発が大きな脅威となっている。過剰な採集も大きな脅威である。新発見された植物も、発見と同時に絶滅を回避するための保全処置を考えねばならない状態となっている。

アグラオネマ ピクタム 通称『ぼっち』
Aglaonema pictum

長年インドで活躍したイギリス人医師で植物学者のウィリアム・ロックスバラ William Roxburgh（1751～1815）によって彼の死後1832年に出版された『Flora indica; or, descriptions of Indian Plants』でカラー ピクタ Calla picta として記載された。後にドイツ人の植物学者 Carl Sigismund Kunth（1788～1850）によって1841年に現在の学名に改められた。記載に使われた植物はスマトラ島から導入されたもので、ロックスバラ博士が園長を務めたカルカッタ植物園で栽培されたものだったと見られる。どちらの学者も産地をスマトラ島としか書いておらず、タイプ標本産地がスマトラ島のどこであるかはわからない。ロックスバラ博士が描かせた水彩画がキューガーデンに保管されており、葉に灰色の斑紋が散るやや地味目の個体であった。本種はスマトラ島に分布し、湿った森林に生える。葉の模様の変化は著しく、それが愛好家の注目を集めている。

‘ハリマオグリーン’

GW1507 パダン・シデンプアン

アグラオネマ ネブロスム ‘アップルリーフ’
Aglaonema nebulosum ‘Apple Leaf’

イギリスの植物学者 Nicholas Edward Brown（1849～1934）によって1887年に記載された。1884年にベルギーで栽培されていたジャワ島産とされる個体が元になっているが、ジャワ島に本種の野生は知られていないので周辺地域の別の島で採集されたものと思われる。本種はマレー半島、スマトラ島、ボルネオ島に分布し、2018年にはインド北東部からも報告された。森林内の湿った場所に生える。葉の模様は個体ごとに、また集団ごとに異なる。当時の『L'Illustration Horticole, vol. 34』に掲載された図版には葉全体に薄い灰色の模様がバランス良く散った美しい株立ち個体の彩色図版が収められている。‘アップルリーフ’は西カリマンタン州産の野生選別個体で、美しい銀葉のものである。

ベゴニア属の一種西カリマンタン州 メラウィ県産
Begonia sp. From Melawi Regency,West Kalimantan

現地では高さ70cmに育つが、大きくなると葉の模様が薄くなるのが惜しまれる。小さく育てた方が美しい。

ベゴニア属は約1900種が含まれる大きな属で、世界の熱帯・亜熱帯地域に広く分布し、アジアには600種以上があると考えられている。特に中国南部からインドシナ・東南アジアにかけての地域からは毎年新種が発見され続けている。日本でもよく見られるシュウカイドウ *Begonia grandis* もマレー半島の原産である。大型の樹木と水生の種類こそ欠くものの、さまざまな生活形の種があり多様性に富む。湿った森林に生える種が多いが、岩場や乾季のある地域に生えるものもある。ベゴニアの名はフランスの植物学者Charles Plumier（1646〜1704）によるフランス植民地時代のハイチで知事を務めた植物コレクター Michel Bégon（1638–1710）への献名を、植物分類学の父・リンネ Carl von Linné(1707〜1778）が1753年に『Species Plantarum』の２巻で採用して記載された。花も葉も美しい種が多く野生種のまま鑑賞にされ、また積極的に交配育種がなされ園芸植物としても重要である。ベゴニアには葉の模様が美しい種が多いが、この適応的な意味などは十分に理解されていない。機能だけ考えるとあまりにも華やかな上に個体差が大きいのである。

ベゴニア属の一種 西カリマンタン州産
Begonia sp. From West Kalimantan

【写真左】現地では高さ40〜50cmに育つ。花は未見。ビロード光沢のある黒紫色の特異な色彩が特徴的である。自生環境は、直射日光がささないため薄暗く、常に湿度が高い雨林の林床。

ベゴニア属の一種 西カリマンタン州産
Begonia sp. From West Kalimantan

現地で高さ70cmほどに育つ。花は未見。人気が高いピンクのドットが入るタイプ。あまり株を大きくしてしまうと、葉のピンクの水玉模様が薄くなってしまう。葉の色彩をビビッドに出すためには、締めて小株に作った方が美しさを保てる。水槽外でも栽培できる丈夫な種である。

ピナンガ属の一種 西カリマンタン州産（上）
Pinanga sp. From West Kalimantan

137種前後が中国南部からインドシナ半島・東南アジア・南アジアに分布し、熱帯多雨林の湿った場所に生える。鳥の羽のような羽状葉を持つ種と、先が二つに別れた単葉を持つ種と二つのタイプがある。幹は一本だけの種類が多いが、株立ちになる種も少なく無い。

ラビシア属の一種 西カリマンタン州産（右上）
Labisia sp.

マレー半島・ボルネオ島・スラウェシ島にかけて分布し、熱帯多雨林の湿った場所に生える。16〜18種がこれまでに記載されているが包括的な分類学的研究が未だになされていないために、ほとんど何もわかっていない。花は穂になって付き、赤や青など種ごとに異なる色の果実をつける。ヤブコウジ科に属する。

ブセファンドラ属の一種（右）
Bucephalandra sp.

これまでに32種が記載されているが、そのほとんどはここ10年の間に新種として発見されたものであり2018年にも新たに発表された。大部分がボルネオ島の特産である。ほとんどの種の分布は特定の川に限定される。熱帯雨林の渓流沿いの岩場に限って生え、しばしば水中にも生える。

Platycerium
ビカクシダ

着生する怪異な姿を楽しむ

シダといえば、陽差しの届かないジメジメとした環境を好む植物、という印象を持つ人も多いが、ここで紹介するプラティケリウムなどは、高木の幹などに着生して育つため、陽光や通風を好む。このため、比較的乾燥しがちな、室内や温室などでも育てやすい植物だ。

シダ植物は高等植物(養水分を運ぶ管状の組織である維管束を持つ植物)の中で、花を持たず胞子で殖える段階の姿を留めた植物のグループである。全体で1万2千〜1万3千種があると考えられているが、およそ3分の1が着生(木の幹や岩に付いて育つこと。物の上に『くっ付いている』だけなので寄生ではない)する生態の植物であり、長い進化の歴史を反映してさまざまな形態のものがみられる。着生生活を送るシダには特に形の変わったものが多く、生態の特殊化が進んでいる。

ビカクシダは、その姿からコウモウリランとも呼ばれ、その植物体は、宿主である樹木に植物体を固定する貯水葉(外套葉)と、そこから鹿の角のように伸びる胞子葉から成り立っている。この貯水葉と胞子葉それぞれのフォルムや模様などが、観賞植物としての多様な魅力を生み出している。

プラティケリウム マダガスカリエンセ
Platycerium madagascariense

マダガスカル島東部に分布し、標高300〜700mに広がる一年中雨や霧の多い雲霧林の樹木に着生する。リドレイに似ているが、マダガスカリエンセの実葉(じつよう:胞子をつける葉)は幅広く1〜2回分かれるだけで垂れ下がり、外套葉は襞が網目状になっている点でリドレイと異なる。この特異な外見の外套葉は根元とその周辺をぴったりと包むように成長するため、植え付けの形いかんではキャベツを思わせる丸いボール状になる。リドレイ同様に蟻と共生するだけでなく、しばしばマダガスカル特産のシンビディエラ属 Cymbidiella のランとともに生えるのが知られている。耐寒性が乏しく乾燥にも弱いため、栽培が難しい種として知られているが、根元を包む外套葉が邪魔になって上から水をかけただけでは水が行き渡らず水不足に陥らせてしまう人が多いようである。乾燥する室内での栽培では水切れを起こさないように留意する。

プラティケリウム ベイチー
Platycerium bifurcatum subsp. *veitchii*

*P.bifurcatum*の亜種のひとつで、オーストラリア東部のグレートディヴァイディング山脈北部と中央部、及び限られた小区域のみに点在する岩生種。年間降水量が約400〜600mmの準砂漠気候で、数カ月雨が降らないこともある過酷な地域である。徹底的に耐乾燥に特化した機構を備え、非常に特徴的な形態をしている。水分の蒸発を限りなく抑えるため、葉面積を最小に抑制、特に外套葉先端の裂片様の欠刻は細く、激しく切れ込む。さらに強光から植物体を保護するため、星状毛を高密度に発達させ、全体的にかなり白い。ビカクシダ中、最も乾燥に強く、耐暑・耐寒性もあり、栽培は容易。関東以西の気候であれば一年中屋外で管理可能であるが、霜は避けるようにする。採光は強光を意識し、また星状毛は物理的刺激で脱落しやすいため、強風や雨の影響を抑える工夫をするとよい。*bifurcatum*は基亜種を含め、3亜種1変種が確認されており、*willinckii*、*veitchii*を独立種とする場合もある。

プラティケリウム リドレイ
Platycerium ridleyi

キャベツ状の貯水葉と、鹿角状の胞子葉のバランスは極めて端正で、もっとも人気のあるビカクシダのひとつ。スイス人の植物学者でシダ専門家のコンラート・ヘルマン・ハインリヒ・キリスト Konrad Hermann Heinrich Christ (1833～1933) によって1909年に記載された。タイ～マレー半島・ボルネオ島・スマトラ島に分布する。森林の日当たりと風通しの良い高木の枝に張り付いて育つ。二股に分岐するのをくり返すプリーツ状の襞がある外套葉の隙間には蟻が共生している。マダガスカリエンセに似ているが、実葉は何度も分岐して細く上を向き、根元近くに胞子がつく料理道具のお玉を思わせる部分がある点で異なっている。葉柄は樋状になっており降った雨を確実に根元に集めるようになっている。シダには胞子の付かない裸葉(らよう)と、胞子のつく実葉(じつよう)の二種類の葉がある種がしばしばあり、それぞれ形や大きさなどに違いが見られることが多い。中でもプラティケリウム属は両者の形の違いが極端である。プラティケリウム属の裸葉は外套葉(がいとうよう)または貯水葉(ちょすいよう)とも呼ばれる特異な外見をしていて本属を特徴づけている。役割としては根元をおおって水分を留める、上から落ちてくる落ち葉を受け止めて根を張る余地を作るなどが考えられており、種によって形が異なるため本属植物を識別するための手がかりとなるほか鑑賞上の見所となる。栽培は難しくなく、胞子からの育生も可能だが、いまも山木の採取が続いている。人気のある植物だけに、野生植物の保護についても考える必要がありそうだ。

プラティケリウム 'ルモワーニー'(レモイネイ)
Platycerium 'Lemoinei'
(syn. *Platycerium veitchii* 'Lemoinei')

いろいろと諸説紛々たる栽培品種で、ウィリンキー *P. willinckii*(ジャワおよび小スンダ列島・スラウェシ島の原産)と、ベイチー *P. veitchii*(オーストラリア北東部の原産)との交配種とされるが疑問視する人も少なくない。ともあれ現在数多いプラティケリウム属の交配種の先駆けといえよう。この栽培品種は19世紀から20世紀初めのフランスを代表する偉大な育種家で、フランスのナンシーに農園があったヴィクトール・ルモワーヌVictor Lemoine (1823～1911) によって作出され死後の1924年に発表されたとされる。少なくとも1930年に出版された彼の農園のカタログには確かにこの栽培品種が載っており上記の交配である旨が記されているから、この栽培品種がそこに起源するのだけは間違いなさそうである。白っぽくシャープな葉が立ちあがる点はヴィーチー由来の形質であろうし、やや日陰気味で育てると長く垂れ下がるところにはウィリンキーらしさが感じられる。日照の取り方や水やりの加減で姿が変わるのは、育てる持ち主の美意識が反映される個性的なものと言えるだろう。

プラティケリウム ヒリー近似種
Platycerium aff. *hillii*

プラティケリウム ヒリー *Platycerium hillii* はオーストラリア北東部とパプワニューギニア島東部に分布し、熱帯雨林の樹木の幹に着生する。この種はシダに造詣の深かったイギリス人の園芸家で植物学者のトーマス・ムーア Thomas Moore (1821～1887) によって1878年に記載された。写真の個体は典型的な *P. hilii* と異なるためヒリー近似種と表記したが、ヒリーは胞子を播いて育てると葉の幅や切れ込みの深さの違った個体が得られることが知られていて、さまざまなタイプが流通している。この株もそうした数あるヒリーの一型かもしれない。

プラティケリウム ウィリンキー
Platycerium bifurcatum subsp. *willinckii*

和名、ナガバビカクシダ。インドネシアのジャワ島を中心に分布し、主に樹幹に着生。基亜種の *bifurcatum* よりも全体的に縦に長く、星状毛が発達するため白味を呈する。また実葉は長く下垂し基部から中央部にかけてやや湾曲しS字型になり、保持枚数も少ない。外套葉は上方に伸長、裂片様の先端は丸味があり幅広。自生地は赤道付近の乾季と雨季がある熱帯気候なので、成長期・休眠期の成長サイクルがはっきりしている。栽培は容易で、成長期は灌水と肥料を多く与え、休眠期は乾燥気味に管理。10°C弱でも十分越冬可能。

プラティケリウム ‘オモ’
Platycerium 'OMO'

ひときわ白さが目立つ栽培品種でウィリンキー *P. willinckii* とディヴェルシフォリウム *P. diversifolium*(ヒリー *P. hillii* と同種、あるいはヒリーとビフルカツム *P. bifurcatum* との雑種) との交配種とされている。タイ国で近年に作出された交配種であるようだが、正確な発表年や作出者は不明である。変わった栽培品種名はタイ国で販売されている家庭用洗剤の商品名に由来する。もともとシダとしては毛が多いプラティケリウム属ではあるが、特に毛が密生して白っぽい色をしているので『洗うととても白くなる』洗剤を連想したようだ。

Lecanopteris
レカノプテリス

インドシナから熱帯アジア・オセアニア・バヌアツまでの地域に13種が知られている。いずれの種も着生のシダで太く長い根茎を持っている。この仲間は根茎にアリを住まわせて、アリの死骸や排泄物・ゴミなどの自然分解物を栄養源にしている。いわゆる『アリ植物』と呼ばれるアリと共生する植物のひとつである。アリ植物はアリに住処を提供し、アリは植物を食べる草食動物を攻撃して撃退するガードマンとなり、種類によっては受粉や種子の散布までおこなう。アリ植物はアリの巣になる場所を確保するために奇妙な形になった植物が多く、近年は鑑賞植物としての関心が高まっている。

レカノプテリス クルスタセア
Lecanopteris crustacea

シダに造詣の深かったアメリカの植物学／農学者のエドウィン・ビンガム・コープランド Edwin Bingham Copeland (1873～1964) によって1931年に記載された。インドシナからボルネオ・スマトラ島に分布し、熱帯多雨林の林冠(森の木の葉が繁る最も高い部分)に達する高木の枝に着生する。本種は長く横に這う太い根茎が重なり合い、さらに古い部分は内部が空洞になって、そこにアリを住まわせている。本種は地域によってはプラティケリウム リドレイと共に生えており、そこでは *Crematogaster difformis*(和名：シダスミシリアゲアリ)という攻撃的なアリと暮らしている。しかし近年の研究ではアリよりも、アリをごまかしてそこに住み着くゴキブリの一種が着生する樹木の樹皮や植物の残骸を食べて排泄する糞の方が栄養源として重要であるとする研究がある。複雑な進化を極めた熱帯多雨林の生態系の多様性が伺えるのも、こうした植物を育てる楽しみのひとつである。

プラティケリウム エレファントティス
Platycerium elephantotis
(syn. Platycerium angolense)

東・中央アフリカの探検家で植物学と古生物学に学識のあったラトビア生まれのドイツ人ゲオルク・アウグスト・シュヴァインフルトGeorg August Schweinfurth(1836～1925)によって1871年に記載された。熱帯アフリカに広く分布し、熱帯多雨林から乾季のある地域を含む。森林の木の幹や太い枝に着生するが、稀に岩についている場合もあるという。象の耳に例えられる一対の幅の広い楕円形の実葉が特徴。切れ込みの無いタイプが栽培されるが、先端が浅く二裂するもの、フリルになるものもある。乾季のある地域では実葉は縦に巻いて休眠状態となる。実葉の背後に広がる外套葉は上が大きく広がり、上から落ちてくる落ち葉を受け止めて集め、中を腐葉土で満たし雨水を集める。これは『落ち葉溜め』と呼ばれるもので、着生植物には根や葉が落ち葉を集めるのに適した形に進化して自らの居場所を作る種がしばしば見られる。

Drynaria
ドリナリア

アフリカとアジア・オセアニアの熱帯・亜熱帯地域に広く分布し33種が知られている。主に樹木の幹に付く着生植物で根茎は横に這い、実葉と根元に広がる裸葉の二型がある。裸葉は質が固くて長持ちし、上からの落ち葉を集めて栄養源とする落ち葉溜めの役割を持つ。

ドリナリア クエルシフォリア
Drynaria quercifolia

ドリナリア ボニー
Drynaria bonii

ポリポディウム クエルキフォリウム *Polypodium quercifolium* として記載されていたが1841年に現在の学名に改められた。上の写真のドリナリア ボニー' *Drynaria bonii*の学名は本種を最初に採集したボン Bon への献名である。

欲しくてたまらない植物

欲しい植物がある場合。

園芸店や販売会で購入、もしくはオークションサイトで落札などなど。その方法は現代ならでは、さまざまな方法があると思います。

あくまでも私見ですが「欲しがらない」ことも欲しい植物を手に入れる方法の一つと考えています。

そしてさらに、その植物に対する愛情を示すことができるかどうかが重要だと考えています。

植物という命のバトンを誰かに託す場合、信用できる人に、という想いは至極普通です。

それはまだ栽培経験が浅い人であっても(完全な初心者ならまずは手に入りやすい普及種から育てることをおすすめします)誠意と愛情を示すことができれば先輩方が丹精込めて作り上げた植物を手に入れることができるかもしれません。

植物を所有したり提供してくれる可能性がある人たちは声高に欲しがったり、我先にそれを奪い合うような人たちを冷静に観察し、警戒する節があるように思います。

逆に浅い練度であっても植物に愛情を注いで向き合う人たちのことを見てくれている先輩方は多いのです。

まずは植物が欲しい云々を置いておき、自分よりも遥かに栽培経験が多い方にお会いする際には相手にストレスをかけないように植物を欲しがらないよう気をつけています。

先輩方と植物のお話をする場合は知見を切り売りするように貴重なお話を聞けるだけでもかけがえのない時間です(その際は決して知ったかぶりなどはしないように)。

そんな時に「これを売って欲しい!!」などと言ってしまうとなんとなく粋(←ここは割と重要だと思います)ではありませんし、先輩方もそれは望んでいないのかなと思います。

ある日、交流のある園芸の先輩とお酒を酌み交わしながら話をしている時。

その方がカナリア諸島の自生地を見に行かれた際の写真を見せていただき、そこで真っ白な棒状の植物 セロペギア・フスカの話になりました。

私も大好きな植物で好んで集めていましたがいかんせん、どう頑張っても山木のような詰まった真っ白な株には育てられないのです。

「どうやったら山木のような姿になるのか」「そもそも無理なんじゃない?」的なお話をしまして、その時間は勿論楽しく一つの知見の蓄えの機会となりました。

数週間後その方から連絡があり「海外の友人が長年栽培した株があるけど藤原さんいりますか?」と画像を見せていただき飛び上がるほど嬉しかったのを覚えています(本書籍のガガイモの項にも掲載されています)。

私が常日頃から熱烈に欲しがっていてもこの株を譲るお話はしてくれたかもしれません。ただ私が話をしたのはその植物への欲しさでは無く栽培の話でした。

恐らくはどれだけ欲するのかではなくその植物をどれだけ好きなのかを見て判断してくれたのだと思っています。

譲り受けた後日に「フスカは元気ですか?」と聞かれ「新しい枝が出てきましたがまだまだ掴めないです、そちらのフスカはどうですか?」と聞いたところなんと…。

一株しかなかったのでご自身はフスカを譲り受けず、私に渡すだけのために輸入までしてくれていたのです。本人は「僕は自生地に行って戯れてきたのでいいですよ」と仰っていました、粋ですよね。

お金でもなく、損得でもない、大事に育ててくれる人へのバトンタッチ。そこに自分が選ばれればそれは大変に光栄ですし嬉しいです。

そういう人との繋がりを大事にし植物への愛情を示すことはもしかすると「お金では買えない植物」を手に入れる方法の一つなのかもしれません。

欲しくてたまらない植物がある場合。

まずは一呼吸置いて、そんなに欲しがらず、手元に無くともその植物への栽培を想像して妄想力を深めて、時にはその想いを先輩方に知ってもらえるような関係づくりに務めてみてはいかがでしょうか。

written by Rentaro Fujiwara

珍奇植物図鑑Ⅱ　コーデックス他

コーデックスと呼ばれる、幹や株元が大きく張り出して膨らんだ形状となる植物たち。その肥大の仕方は様々です。科や属は異なっていても、多くは水分や栄養分を溜め込むために進化しました。近年の珍奇植物人気により、知名度が一気に上がり流通も増大。常緑のものや落葉するタイプなど生態も実に様々です。

パキポディウム・光堂

Pachypodium namaquanum

基部が太る円柱状の幹は、びっしりと長い刺に覆われる。高さは１～３m、最大で５mに達し、古木では少数の枝を出す。細長く波打つ葉を、幹の先端にだけ茂らせる。葉はブルーがかった明るいグリーンで、微毛に覆われている。花は冬に咲き、長さ４～５cmの筒型で外側は薄い黄色、花弁の先端が小豆色に染まる。自生地はナミビア南端付近から北ケープ州北西部で、冬に雨が降り、しばしば濃い霧が発生する地域。標高240～1060mの岩の多い斜面に生え、岩山に人が立つ様に見えることから、“halfmens（半人）”という愛称もある。日本での栽培では冬型として扱うが、夏に新葉が出て、冬を越えて翌年の春に開花・落葉するまでの長い期間、十分な日射と適度な灌水があれば動き続ける。最も元気が良いのは秋から冬で、春から夏が休眠期ということになる。ただ、冬に摂氏10度前後が保てないと落葉し、成長も止まって開花しないことが多い。こうしたサイクルを理解すれば、丈夫で栽培しやすい植物。写真の株は、種子から約20年育成したもので、高さ50cmほど。

パキポディウム エニグマチクム
Pachypodium enigmaticum

学名は『謎の』を意味し、2000年代初めに発見されていながら分からずじまいとなり、2007年に再発見されるまで謎めいた存在だったことによる。2014年に新種として記載された。マダガスカル島中央部よりやや西よりにある町マンドト Mandoto 近郊の特産である。標高約700～1300mの山地の岩場や岩の割れ目に生える。マンドトは年間降水量937ミリあり、乾季と雨季が別れた地域である。冬の５～９月が乾季・11～翌3月までが雨季、その間の4月と10月はやや雨量が多く月平均40ミリ降る。降水量のピークは1月にある。最高気温は最も暑くなる夏の10～11月で平均最高気温29°C、最低気温は冬の7月で平均最低気温13°Cの亜熱帯気候である。パキポディウム ブレヴィカウレに似ているが、塊状にはならず太い茎が立ち気味になる。短い刺は落ちやすいようで古い幹は滑らかである。秋に咲く黄色の花は直径約６cmある。大輪であるだけでなく花筒は細長いのがよい特徴となっている。また花茎が数センチ伸びて複数の花をつける。

端正なフォルムと美しい花で、すべての植物ファンを魅了

いわゆるコーデックスプランツの代表格であるパキポディウム。属名は大地に立つ「太い足」の意味で、その名の通り、ツボ型やボトル型に肥大した幹や、地中の丸々とした塊根が観賞植物として注目されている。アフリカ南部とマダガスカル島に20種あまりが分布するが、特にマダガスカル島での種分化が著しく、大半の種は同島の固有種である。

いずれの種も塊茎または塊根を持つか、太い幹を持つ多肉質の樹木である。枝には托葉が変化した鋭い刺を持つ。花はキョウチクトウに似た形のものが多いが、筒型・釣鐘型のものもある。キョウチクトウ同様に有毒である。

栽培管理上はほとんどの種が夏型で、日本の冬には葉を落とすことが多い。光堂などアフリカ産の一部の種は冬型である。塊茎植物としては成長旺盛で、種子からでも野生株に負けない立派な株に育成可能だ。ただ、一見硬質な樹木のように見えても、太った幹は水を蓄えるための柔弱な組織で、根腐れなどが侵入すると直ぐに腐ってしまう。またガラス室やビニールハウス栽培では、十分日光にあてても徒長しやすい。夏型種は５月～９月、屋外で直射日光にあてて育てると、太く低い、野生株のような姿に育つ。

ほとんどの種は稀産種であり、パキポディウム属は全ての種がワシントン条約の付属書Ⅰあるいは付属書Ⅱに記載されている。近年は原産地マダガスカルの政治的混乱などに乗じて自然保護区域での盗掘が行われているとの指摘もあり、違法採取された植物が流通している可能性がある。法的規制のみならず、今後は愛好家の智恵でこの素晴らしい植物たちの故郷を守っていきたい。

パキポディウム バロニー ウィンゾリー
Pachypodium baronii var. windsorii

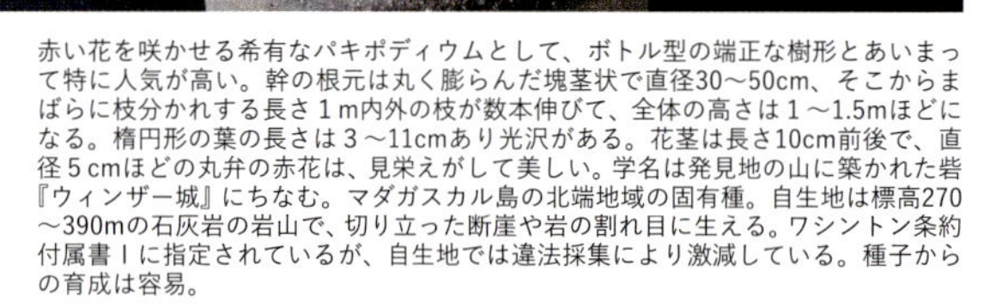

赤い花を咲かせる希有なパキポディウムとして、ボトル型の端正な樹形とあいまって特に人気が高い。幹の根元は丸く膨らんだ塊茎状で直径30〜50cm、そこからまばらに枝分かれする長さ１m内外の枝が数本伸びて、全体の高さは１〜1.5mほどになる。楕円形の葉の長さは３〜11cmあり光沢がある。花茎は長さ10cm前後で、直径５cmほどの丸弁の赤花は、見栄えがして美しい。学名は発見地の山に築かれた砦『ウィンザー城』にちなむ。マダガスカル島の北端地域の固有種。自生地は標高270〜390mの石灰岩の岩山で、切り立った断崖や岩の割れ目に生える。ワシントン条約付属書Ⅰに指定されているが、自生地では違法採集により激減している。種子からの育成は容易。

パキポディウム デンシフローラム
Pachypodium densiflorum

マダガスカル島中央部に広く分布し、変異の幅が大きいパキポディウム。自生地は標高60〜1600mの丘陵地や山岳で、花崗岩の岩盤が露出した斜面や岩場・土壌のごく浅い場所に生える。長楕円形の葉は長さ10cmほど。茎は根元近くからよく枝を出して広がり、また壺型に太り、最大で直径２mの大きな群生株に育つ。高さは70cmほどにしかならない。長さ25〜40cmの長い花茎に直径２〜３cmの濃黄色の花を数輪咲かせるが、写真のように花弁にフリルが入る型もある。他種と分布が重なる場所では自然雑種を作ることがある。

パキポディウム デカリー
Pachypodium decaryi

基部がボトル型に肥大する、刺のほとんどないパキポディウム。楕円形の葉は長さ５〜８cm。幹は根元が肥大し、そこから細く伸びて高さ２m、時に４mにも達する。清潔なハンカチのような純白の花は、直径12〜13cmもあり、本属中最大である。マダガスカル北部の石灰岩地帯に分布し、産地は火山地帯を挟んで２つの地域に分かれている。自生地は標高200〜400mの石灰岩の山で、森林内の岩場や岩の露出する急斜面に生える。本属ではバロニーと並んで寒さに弱い種で、冬期最低でも摂氏10度は維持したい。花は冬咲きで、温度が低いと咲かない。

パキポディウム ロスラツム グラキリウス（象牙の宮）
Pachypodium rosulatum subsp. *gracilius*
(syn. *Pachypodium gracilius*)

昨今のブームを牽引する植物で、コーデックスと言えばこのグラキリウスを思い浮かべる人も多いだろう。幹は根元で著しく肥大し球形になり、そこから枝が伸びて端正なツボ型に育つ。学名の由来となっている細長い葉は長さ10cm前後、幅1〜２cm、濃緑で皮革のようなツヤがある。花は黄色で、10〜40cmの長い花茎の先に直径3〜４cmの花を2〜５輪咲かせる。ロスラツム種としてはマダガスカル島の南部に広く分布するが、亜種グラキリウスは切り立った岩峰の奇観で知られる国立公園 Isalo National Parkがあるイサロ地方に特産する。人気上昇をうけて多量の山採り株が国内に輸入されており、その結果、原産地では個体数が減少し続けている。輸入株は活着せずに枯れることも多いが、種子から育てた株は丈夫で、野生株に見劣りしないフォルムにも育つ。

パキポディウム ブレヴィカウレ
(恵比寿笑い)
Pachypodium brevicaule

マダガスカル島の中央高地に分布し、標高1250〜2000mの花崗岩や砂岩の岩盤が露出した岩山や岩の裂け目などに生える。茎はほとんど伸びず塊状に成長し、その形はしばしば根生姜に例えられる。長さ1〜3cmの小さな葉が少数つく。鮮やかな黄色の花は直径1〜3cm、ごく短い花茎に1〜2輪つく。古くから人気の高い本種は違法採集の的であり、そこに山火事と鉱山開発が追い討ちをかけて個体数は減少し続けている。そのため IUCN(世界自然保護連合)のレッドリストカテゴリーでは危急種(VU: Vulnerable)となっている。上の写真の個体は古い輸入品であるが、このような個体を自然からの最高の贈り物として絶やさぬように次世代に繋いでゆく必要がある。下の写真は国内で実生育成された株。

パキポディウム エブレネウム
Pachypodium eburneum

象牙色の花を咲かせる、前世紀末に記載された比較的新しい種。幹は太くなり、そこからあまり枝分かれしない太く短い枝を出す。枝に強く太い刺があるのが特徴。全体の高さは25cm程度の小型種で、しばしば幅の方が高さよりも大きい。卵形の葉は長さ5〜8cm、栽培条件下ではそれより長くなることがある。毛が密生する花茎は長く20〜30cmもある。マダガスカル島中央部の一部に分布し、自生地は標高1500〜2000mの山岳地帯で、岩場や岩盤の露出した急斜面に生える。

former Asclepiadaceae
ガガイモ類

特異な花で人も昆虫も幻惑
奥深いその造形美

珍奇植物を取り上げると必ず入るのが、かつてガガイモ科(Asclepiadaceae)に分類されていた植物である。ユニークな姿形や、奇妙で精巧な花をもつ種類が多く、植物愛好家たちを惹きつける。球形のもの、柱状のもの、刺があるもの、塊根を生じるものなど、その姿はサボテンやユーフォルビアと同様で実に多様である。現在ではキョウチクトウ科の1亜科ガガイモ亜科 Asclepiadoideae とされている。

ガガイモ亜科はおよそ250属2000種以上を含むと考えられている大きなグループで、世界の熱帯・亜熱帯地域を中心に広く分布する。

その中で多肉植物として鑑賞価値の高い種類の多くはアフリカの乾燥地帯に産する。サボテンと似た姿のものが多くあるが、刺座がなく花も全く違った構造を持つので慣れれば区別は容易である。花は、媒介昆虫を呼び寄せるための独特の色彩や構造を持ち、人には好まれない香気を発するものも多い。また、植物全体に有毒な成分を含んでいる種もあって、それで身を守っている。

多様なだけあって栽培は一概に語れないが、肉質がもろいものが多く、特に乾燥地原産の種類は多湿な環境だと腐りやすい。また、一般的に冬期の寒さには弱いので、冬型種であっても、温度を保ち、冬期は水も控え目に管理する。

セロペギア フスカ
Ceropegia fusca
(syn. *Ceropegia dichotoma* subsp. *fusca*)

カナリア諸島のグラン カナリア島・テネリフェ島・ラ パルマ島に分布する。自生地はそれぞれの島の中でも乾燥した南部に多い。自生地は海岸近くから標高600mまでの荒涼とした溶岩原や火山の砂礫が積もった斜面である。白い円柱状の茎には節があり直立して高さ30～100cm、枝はあまり出さず灌木状に茂る。その姿はパイプオルガンに例えられる。若い茎は茶色で節に長さ2～5cmの細い葉を対生につけるが、成長を終えて乾燥に合うと簡単に落葉してしまう。春から夏にかけて茎の先端や上部の節に2～5輪の花がかたまって咲く。花いろは赤茶色、細長い壺型で5枚の花弁は先端で繋がり屋根のようになる。日本で栽培するとなぜか新しい茎が白くならないので、綺麗に育てるのはなかなか難しい。

属名は『偽の石』を意味するギリシャ語から来ており、その名の通り石を思わせる渋い色彩で、凹凸のある肌をしている。また種小名は『立方体の』を意味し、茎の形は四角形となる。最大12cmほどで単頭。ソマリア北西部のごく限られた地域に産する。自生地は年間降水量100ミリ弱、最低気温は10度前後で、灌木が点在する砂漠地帯の丘の斜面に生える。花は薄茶色の毛の生えたヒトデのような形で、30輪前後が4cmほどの塊になって咲く。強い匂いがあってハエ等を呼び寄せる。ガガイモ科に多くある『腐肉花』で、腐った肉に擬態して昆虫に花粉を運ばせる植物のひとつである。

ホワイト−スローネア クラッサ

White-sloanea crassa

サボテンのアストロフィツム属「四角ランポー玉」を思わせる四角柱状に育ち、高さ３～10cm、幅は５cm前後になる。枝は出さず単頭。花は直径２cmほどある釣鐘型で、根元近くに開花する。ソマリア北西部のごく限られた地域に分布し、年間降水量170ミリ、最低気温10°C、標高1000～1200mの点々と木や潅木の生える砂漠に生える。発見した所は岩場だったと言う。野生品は長く再発見されておらず、絶滅したか絶滅一歩手前の状態であると推測されている。属名はアメリカの植物学者アラン・キャンベル・ホワイト Alain Campbell White とボイド・リンカーン・スローン Boyd Lincoln Sloane両博士への献名である。

フーディア ルスキー

Hoodia ruschii

柱サボテンのような刺のある茎は高さ50cmほどに達し、株立ちとなる。花は直径２～４cmあり、深紅から赤茶色。ナミビア南部のチラス山地 Tiras Mountains のごく一部に分布する。年間降水量約200ミリ、春から雨が降り秋に降水量のピークがあり、一転して冬はほとんど雨の降らない乾季になる地域である。自生地は標高1500～1800mの険しい岩山で、東側の斜面の中腹にしか見られないという。種小名はナミビアの多肉植物を栽培する農園主だったエルンスト・ジュリアス・ラッシュ Ernst Julius Rusch (1867～1957) への献名。

アラビア半島南西部に分布し、標高600〜2100mの乾燥した岩場や火山地帯の溶岩などに覆われた斜面に生える。ジョン・ジェイコブ・ラヴラノス氏が本種を発見した基準標本産地は標高2100mにあり、冬には最低平均気温が5℃になる地域にある南向きの涸れ谷の斜面である。本種の温度への適応性は高いのかもしれないが、標高600〜900mの火山地帯の斜面では珍しくは無いと書かれているので水が乏しくとも低温を嫌うのであろう。枝分かれしながら伸びる茎は高さ20cmぐらいになり、白っぽい色をしていて四角く4つの稜がある。筒状の花は長さ3cmほどあって、各裂片の先には赤紫色の房飾りのような部分が風に揺れる。奇花ぞろいの本属の中でも、ひときわ印象的な珍種である。

タヴァレシア・麗鍾閣

Tavaresia barklyi (syn. *Tavaresia grandiflora*)

毛の生えたサボテンのような茎は長さ40〜60cmになるが、肉質が柔らかく長くなると横に倒れがちになる。特徴的な釣鐘型の花は夏咲きで、長さ4〜10 cm、直径約2.5cmある。匂いはあまり感じられない。ナミビアから南アフリカの二つの地域(グレートカルー南部とリンポポ州周辺)に分かれて分布し、標高500〜1200mの岩場や斜面などに生える。個体数は多くなく、地域によっては保護植物になっている。

ラリレアキア・仏頭玉

Larryleachia cactiformis (syn. *Trichocaulon cactiforme*)

その名の通り仏頭の螺髪を思わせる姿で、古くから名品として知られる。種小名は『サボテンの形をした』の意味だが、似ているのは形だけで、刺はない。高さは5〜15cm、時に30cm。花は1cmほどの小輪で、頂点付近に群れ咲く。強くはないが、臭いがあり、ハエによって花粉が運ばれる。北ケープ州西部に分布し、自生地は冬に雨が降る地域だが、冬の寒い日本で栽培する場合は真冬の水やりは避けた方が無難だ。学名は植物研究家レスリー・チャールズ・リーチ Leslie Charles Leach (1909〜1996) への献名である。ラリー Larry は彼の通称である。

ブラキステルマ・竜卵窟(左上)

Brachystelma barberiae

他に類を見ない奇態な花を咲かせる塊根植物。長く伸びた赤褐色の花弁は、先端だけがつながっている。ひとつの花は4cmほどだが、20輪あまりが密集して咲くので、竹で編んだ籠のような不思議な姿になる。この花はハエなどを呼ぶ強烈な匂いを発する。地中には扁平な塊根があって短い茎に葉を着ける。東アフリカ南部(ジンバブエから東ケープ州)に分布し、栽培下では夏に開花成長し、冬に落葉する。休眠中は灌水すると腐りやすい。

ブラキステルマ ブッキャナニー(左中)

Brachystelma buchananii

竜卵窟の仲間で、塊根や葉、花の咲き方も似ているが、花弁が伸びないので違った雰囲気になる。葉の長さは3～10cm、その下にある塊茎は直径5～10cm。花は直径2.5cm前後、茶色に黄色の縞模様がある面白いもので、群開する。強い臭いでハエを集めるのは竜卵窟と同じである。西ケープ州南部、リトルカルー地域を中心に分布する。

フーディア ピリフェラ(上)

Hoodia pilifera

細長い刺の生えた茎は高さ50～80cm、根際からよく枝を出し、大きな株立ちとなる。花は冬に咲き、直径2cm前後しかないが、やはり臭いがする。丈夫な植物で、本来は冬型だが日本では春と秋に元気に成長する。フーディアには食欲抑制効果があるとされ、ダイエット目的でも利用されるが、安全性への疑問も示されている。自生地では過放牧と薬用目的の過剰採集で減少している。

ラフィオナクメ プロクムベンス(左)

Raphionacme procumbens

地中に大きく丸いスベスベとした塊根を生じる植物で、鑑賞上は形のよい塊根を出して植えることが多い。茎は長く伸びて地面を這うが、学名も茎が地を這うことによる。モザンビーク南部からジンバブエ・南アフリカ北東部にかけて分布する。夏に咲く花は直径1cm強、薄緑色で紫褐色の蕊柱が目立つ。夏に雨が降る熱帯・亜熱帯地域の草原に生え、栽培上も夏型。本来地中にある塊根を外に出して植える場合は、強い陽射しにあてないようにしたい。

Othonna
オトンナ

北ケープ州北西部のリフタスフェルト地域に分布する。自生地は主に冬に雨が降る地域で、標高400mまでの岩の多い南または南東向きの斜面に生える。本種は確実な自生地が4箇所しか知られていない稀産種で、違法採集を原因として絶滅の恐れが増大している。ふつう浅い切れ込みのある長楕円形の厚みがある青白い葉は4～7cm、落葉性で休眠期には枯れる。葉柄の跡が残ってイボ状になる奇妙な形の茎は高さ30cmほどに達する。花は黄色で小菊に似た形で1cm強、細い花茎に2～5輪を春に咲かせる。

オトンナ ヘレイ
Othonna herrei

やさしい葉と素朴な花 キク科の多肉植物

オトンナ属は分類学の父カール・フォン・リンネによって1753年にオトンナ コロノピフォリア *Othonna coronopifolia* を模式種として記載された。属名は古代ギリシャ語の『リネン』または『布』を意味し、葉の柔らかい質感に由来するとされる。主にアフリカ南部を中心に約140種が知られている。特に南アフリカ西部で多様化が著しい。

多年草または低木で、多肉質の塊根または塊茎状の茎を持つ種も少なくない。大部分は黄色い一重の小菊のような花が咲くが、白・紫の花をつけるものや舌状花を欠く種もある。多肉植物愛好家には塊茎や塊根を持つ種が愛好される。葉の形は種によって違い、多少厚みがある程度のものから、しっかりした多肉質の葉をつける種まである。

オトンナ レピドカウリス
Othonna lepidocaulis

北ケープ州西部に分布する。主に冬に雨の降る地域で、自生地は標高600mまでの岩、あるいは石英の小石の多いアルカリ性土壌の平原に生える。もともと個体数の少ない希少種で、確実な産地は5ヶ所に過ぎないという。青みを帯びた厚みのある葉は細長く長さ4～6cm、休眠する夏は落葉する。葉柄の跡が残り鱗状の表面の幹は高さ15～25cmになる。花茎は長く15～20cmあまり、二股に分かれて多数の黄色の小菊のような花を咲かせる。

オトンナ ハリー
Othonna hallii

学名はイギリス人の園芸家でキルステンボッシュ植物園のキューレターを務めたハリー・ホール Harry Hall (1906～1986) への献名である。西ケープ州北西部のごく一部に分布する。自生地は標高815m前後の石英の小石に覆われた平原である。確実な自生地は5ヶ所しか知られていない希少種で、すでに過去の鉱山開発による破壊を一部で受けており絶滅の危険性が増大しているとされる。やや扁平の棒状の葉は長さ2～8cm、枝の無いカプのような形の丸い塊茎は直径3～7cmになり、その下に直根が伸びている。花茎は高さ10～25cmで多数の花をつけ、花は直径5mmほどで舌状花はあるが小さく目立たない。

オトンナ カカリオイデス

Othonna cacalioides

北ケープ州南西部と西ケープ州北西部の州境付近の一部に分布する。自生地は冬に雨が降る地域で、標高750〜920mにある岩盤の上の浅い砂質土壌の場所に生える。しばしば塊茎は地面に埋もれている。放牧による踏み荒らしで個体数が減少傾向にあるようで、絶滅の危険性が増大しているとされる。多肉質の青白い葉はヘラ型で長さ2cmほど、休眠中の夏には落葉する。茎は直径3〜5cmになるカブのような丸い塊茎で、茶色の薄皮に覆われている。花は黄色で5枚の舌状花があり、高さ数センチの花茎に直径1cmほどの花を1〜数輪咲かせる。オトンナ属の中でも本種は成長が遅く、栽培が難しいことで知られている。

オトンナ アルミアナ

Othonna armiana

北ケープ州北西部のリフタスフェルト地域に分布する。自生地は主に冬に雨が降る地域で、標高900m前後の山の斜面にある岩の割れ目に生える。自生地の限られる稀産種で、違法採集が脅威となっている。しゃもじ型をした青白い多肉質の葉は長さ5〜20cm、ときに縁が波打つ個体も見られる。全体の高さは3〜9cmあって丸い塊茎と葉が落ちた跡が丸いイボになって覆われる枝を持つ。花は1cmほどの一重の小菊に似た花が長さ10cmほどの花茎の先に複数咲く。形態的にも、分布の上でもオトンナ ヘレイと比較され、その亜種とする見解もある。

オトンナ・フェザーリーブス

Othonna sp. *'feather leaves'*

冬型のオトンナで写真の個体は全体の高さ35cm、幅20cmほど。茎の基部は膨らんで丸くなり、続く地下部も塊根となる。オトンナ属の中でも特異な羽状に細裂している葉はやや厚みがあって、わずかに白粉を帯び、独特の匂いがある。そしてなんと言ってもこの繊細な葉は際立って美しくこの属では比類するものが存在しない。葉の長さは約５cmあり休眠期の夏には落葉する。12月に咲く花の直径は10mm弱あり、他のオトンナと同じような形である。写真の個体は発見者のアフリカ産の多肉植物の研究家ジョン・ジェイコブ・ラヴラノス John Jacob Lavranos (1926～2018)が採集して送られてきた歴史的にも相当に価値のある個体である。

オトンナ トリプリネルヴィア
Othonna triplinervia

東ケープ州中部に分布する。年間降水量約380～500ミリ、春と秋に降水量のピークがあり夏にやや雨が少ない傾向があるものの一年を通して一定量の雨が降る地域である。自生地は標高120～800mの山地の岩の多い斜面や岩場に生える。先が円いしゃもじに似た形の葉は長さ６～７cm、常緑である。多肉質で脆い枝は高さ最大２mにまで達し、自生地では多数の枝を出してドーム状に茂る。年月とともに根元が徳利状に太って塊茎を作る。花は黄色で舌状花は５枚、秋から冬に開花する。

オトンナ クレムノフィラ
Othonna cremnophila

2005年に記載された比較的新しい種で、北ケープ州北西部の一部に分布する。自生地は主に冬に雨が降る地域で、標高500～1000mにある南向きの砂岩の崖に生える。自生地はすでに過放牧と違法採集の脅威にさらされている。青みを帯びた葉は長楕円形で浅く切れ込み、また波打ってリーフレタスを思わせる。まばらに枝を出す滑らかな表面の太い茎は高さ60～100cm、先端の若い部分には綿毛を密生させるのが良い特徴である。花は黄色で舌状花は８枚あり、花茎に数輪が咲く。夏には落葉休眠する冬型種である。国内では誤ってオトンナ シクロフィラ O. cyclophylla として流通することが多い。これは長さ２～３cmの円形の葉を持つ元より個体数の少ない希少種である。

オトンナ属の一種
Othonna sp. *From* Steinkopf

北ケープ州北西部にある町ステインコフ近隣の産とされるが詳細不明。ヘラ型の葉は羽状に浅裂し、全体が白い細毛で覆われている。壷形の塊根を持つ。花は黄色で5～6枚の舌状花があり、花茎は長く伸びて5～6輪がつく。オトンナ アウリクリフォリア *O. auriculifolia* に似るが、花茎が分枝する点が異なる。他の近縁種の可能性も検討したが、特徴が一致するものが見つからないので未記載種の可能性がある。

Commiphora
コミフォラ

コミフォラ ドレイク-ブロックマニー
Commiphora drake-brockmanii

盆栽型に育つコミフォラ属のなかでも、とりわけガッシリと太い幹は巨木のミニチュアのようで迫力がある。幹肌は強い日射のもとでは眩しいほど白く、これも本種の魅力を高めている。円形の葉は長さ1～3cm、単葉か三出葉で、休眠期には落葉する。ソマリア北部の町ベルベラBerbera 近郊に分布し、年間降水量は63mm、主に春に雨が降る乾燥した砂漠地帯の岩山に生える。栽培下では成長、休眠期の区別が明確でなく、気温や灌水などの条件変化で出葉と落葉を繰り返すことがある。学名はイギリスの生物学者ラルフ・イヴリン・ドレイク-ブロックマンRalph Evelyn Drake-Brockman (1875～1952)への献名である。

風格ある幹から香気ある葉が芽吹く 天然自然の盆栽

人の手を加えなくても幹太く枝振り良く育つ、いわば天然の盆栽。その造形の面白さから、近年人気が高まっている。コミフォラ属は、カンラン科(Burseraceae)に属し、アラビア半島からアフリカ・マダガスカルにおよそ200種あまりが知られている。多くは低木状だが、乾燥地には矮性で幹や枝が塊茎状に太くなる種が多く見られる。同じカンラン科に属するボスウェリア属(Boswellia)やブルセラ属(Bursera)にも、盆栽多肉として鑑賞される種がある。

コミフォラは、観賞植物として親しまれる以前から人の生活や文化と関わりが深い。最も有名なのは没薬(ミルラ)の採れるコミフォラ ミルラ *Commiphora myrrha* であろう。その樹脂は香として宗教儀礼の場で頻繁に使用されただけでなく、薬やミイラの防腐剤などに用いられ、アラビア半島やソマリアはその産地として交易によって栄えた。ちなみにボスウェリア属(Boswellia)の樹脂も乳香と呼ばれ、同じく親しまれている。

この属の多くは熱帯に分布しており、日本での栽培では夏が成長期となる。冬期に気温が低下すると落葉休眠することが多く、葉が落ちたら水を切るのが管理の基本。成長が遅いので輸入個体が栽培されることが多いが、実生育生も可能である。葉をちぎったり、枝を剪定すると、栽培場には上品な香気が漂う。

コミフォラ属の一種 PV 2590

Commiphora sp, PV 2590

産地は西アフリカのアンゴラ産とされているが詳細不明。コミフォラ ドレイク-ブロックマニーにも似た真っ白な幹と鮮やかな三出葉の為、栽培家に珍重されている。PVは、チェコのプラントハンター、ペトラ・パベルカPetr pavelka 氏のフィールドナンバー。

コミフォラ カタフ

Commiphora kataf

アラビア半島南部、スーダン南西部からジブチ・ソマリア・エチオピア～タンザニア北部に分布する。標高75～1560mの水はけの良い土地の森林や砂地の藪、岩の多い斜面などに生える。葉は三出葉、稀に五出で長さ1～7cm。薄く剥ける白い樹皮が重なる幹が大変美しく本属でも特に人気のある種である。枝は赤黒く幹の色と対照的な色をしている。この種は分布の広さを反映して多様で、写真の型以外にも様々なものがあり、将来的にはいくつかの亜種や変種などに細分化されるかもしれない。国内では、樹皮が白く枝が黒い、矮性に育つ型をカタフと呼ぶことが多い。

コミフォラ属の一種 エイル産

Commiphora sp. Eyl

ソマリア北東部の港町エイル付近の産とされるが、詳細不明。10年以上前から、観賞用に輸入され流通している。葉は三出葉か、小葉の数が5枚の羽状葉で落葉性。多くは夏に茂る。分岐する小枝の付け根が太って球状になり、球を連ねたような形になる。多くは枝が横に伏せるように伸び、風の強い場所に生える植物なのか、地を這うような樹形をしている。種名不詳で流通しているが、顕著な特徴のある植物で、鑑賞価値は高い。

チレコドン・万物想

Tylecodon reticulatus subsp. *reticulatus*

古くから知られる名品で、その名にふさわしい奥深い魅力がある。太くガッシリとした幹は高さ30〜60cmになる。幹と短い枝は表皮が剥がれやすく独特の質感がある。多肉質の葉は紡錘形で長さ2〜5cm。枝分かれする花梗の先に小さな花を多数咲かせるが、花梗がその後も何年も残るため、植物体に網をかけたような奇観を呈する。自生地はナミビア南端から南アフリカ西部で主に雨が冬に降る地域。冬型だが、栽培下では枝が徒長しやすく、出来るだけ強い光線のもとで、水を控えてじっくり育てる。

Tylecodon
チレコドン

盆栽型から極小塊根まで ベンケイソウ科の多彩な面々

チレコドン属はエケベリアなどと同じベンケイソウ科(Crassulaceae)の植物で、かつてコチレドン属(Cotyledon)に含まれていた種の一部が分離され、新たな属が設けられた。その際にアナグラムとしてチレコドンと名づけられた。花が上向きであること、落葉性であること、より多肉質の茎を持つことなどからコチレドン属と区別されている。

ナミビア南部から南アフリカ西部の主に冬に雨が降る地域に約50種が分布し、大部分が産地の限られる稀産種である。比較的小型の塊茎か塊根を持つ低木で、その特徴から本書ではコーデックス(塊茎植物)として扱う。栽培下では大半の種が明確な冬成長型で、落葉する夏は水を切って休ませる。冬も氷点下にならない陽あたりの良い場所で管理したい。全草が有毒であるため、牧畜の現場では有害植物扱いされているという。

チレコドン スカエフェリアヌス・群卵
Tylecodon schaeferianus

⬆地下の塊根から不整形な枝を伸ばし、棒状から球形の長さ1～2cmの葉を鈴なりにつける小型種。その姿から群卵と名づけられた。花は1cm前後で黄色からオレンジ色、または薄いピンク色。ナミビア南部から北ケープ州北西部に分布する。自生地は主に冬に雨が降る地域で、標高10～150mの砂利の多い砂地にある頁岩の割れ目に生える。

チレコドン レウコスリクス
Tylecodon leucothrix

⬅うぶ毛が密生する多肉質の葉が見どころで、カランコエの月兎耳(*Kalanchoe tomentosa*)を想起させる。地中の小さい塊根から枝を伸ばし、高さ30cmほどの小灌木状に育つ。花は休眠期に咲き、白からピンク色。西ケープ州の冬に雨が降る地域が自生地で、岩の多い場所に生え、しばしば遮るもののない場所にも見られる。写真は種子から育てた若苗。

チレコドン シングラリス
Tylecodon singularis

特異な葉が魅力の小型の塊根チレコドン。地下にある大根状の塊根から、基本1枚、ときに数枚の円形の葉を出す。葉は直径5～8cmで表面に細かな毛が生えており、薄い緑色の脈が表面に浮かび、裏側は紫色。ナミビア南端部に分布する。自生地は冬に雨が降る地域で、標高800～1100mの岩の裂け目に生える。違法採集によりタイプ産地では絶滅し、後日発見された他の産地は秘密にされている。

チレコドン ペアルソニー・白象（左上）

Tylecodon pearsonii

とっくり型の形良いコーデックスに、多肉質の葉をつける人気種。まばらに枝を出す肥大した茎は高さ15cmほどになる。葉は1.5～4 cmの細長い棒状で上面に溝が一本ある。ナミビア南端から南アフリカ西部の主に雨が冬に降る地域に分布。よく似たルテオスカマタ（*Tylecodon luteasquamata*）とは同種とされる。とても成長の遅い植物。

チレコドン ラケモサス（右上）

Tylecodon racemosus

青みを帯びた葉は細いヘラ型で長さ2～4.5cmあるが、産地によって差が大きい。低木状になる茎は薄い皮に包まれ高さ20～40cmほどになる。花は薄いピンク色で長さ1cmほど。ナミビア南部から北ケープ州北西部に分布するし自生地は主に雨が冬に降る地域。本種は分子系統分析による研究によってアドロミスクス属 Adromischus の姉妹群であることが判明しており、一属一種の単型属とする見解がある。

チレコドン ノルテーイ（左）

Tylecodon nolteei

地中の塊根から、紫褐色のまだら模様がある特徴的な葉を出す。葉は円形～広楕円形で表面に微毛を生じ、長さ1～2.5cm。茎は高さ 7 cmの小型種。花は黄色を帯びた薄いピンク色で長さ 1 cmほど、華奢な花茎に1～4 輪咲く。西ケープ州北西部のごく一部に分布。自生地は主に雨が冬に降る地域で、砂岩や珪岩・頁岩の割れ目の奥や石英の小石が覆う場所に生える。確実な産地が 2 箇所しか知られていない稀産種。

チレコドン ピグマエウス
Tylecodon pygmaeus

西ケープ州北西部のごく一部に分布する。自生地は主に雨が冬に降る地域で、標高150〜300mの石英の小石に覆われた平原や緩やかな斜面に生える。腺毛の生えた楕円形からヘラ型の葉は長さ0.5〜2.5cmある。滑らかな表面の茎はまばらに枝を出し、高さ10〜20cmあって硬い。花は白から薄い黄色、ときに薄いピンク色で長さは５mm前後ある。長さ3〜５cmの細い花茎に1〜５輪咲かせるが、栽培条件下ではより多くなることもある。

チレコドン・奇峰錦
Tylecodon wallichii

葉の脱落痕が疣状に残り、鬼の金棒のような姿に育つ大型種。多肉質の葉は長さ6.5〜9.5cmあり細長く、頂部に密生する。南アフリカ西部に広く分布し、主に冬か、秋と春に雨が降る地域の、標高50〜1500mにある平原や岩の多い斜面などに生える。自生地が他の種と重なる場所では稀に種間雑種が生じている。輸入株が多く栽培されるが、成長も早く種子からでも標本が育成できる。学名はデンマーク人の植物学者ナサニエル・ワリック Nathaniel Wallich (1786〜1854) への献名である。

ドルステニア ギガス
Dorstenia gigas
本属を代表する素晴らしいコーデックス。種小名は『巨大な』を意味し、この属としては最大級で、幹の高さ２～５mにも達する。幹の基部はボトル状に大きく膨らむ。ソマリアの沖合に浮かぶインド洋の孤島、ソコトラ島の固有種で、自生地は年間降水量70ミリ程度の砂漠気候で春と秋以外にほとんど雨の降らない地域である。標高500mまでの石灰岩の岩場や崖にしがみつくように生えている。実生苗の方が幹は肥大しやすいが、挿し木も時間をかければ太る。枝を剪定したり芯止めするのも太い樹形を作るひとつの方法である。

Dorstenia
ドルステニア

個性的なフォルムと奇妙な花は、まさに珍奇植物

美しい葉と円盤状のユニークな花、肥大した幹や塊根を持つものが多く、珍奇植物として注目されている。その姿からは想像しがたいが、イチジクと同じクワ科に属する。世界の熱帯・亜熱帯に分布し、120～170種があると考えられている。多くは草本か多肉質の低木で、円盤状の花序は縁にしばしば突起があり、花盤の上面に無数の花が隙間なく並んでいる。果実は熟すると円盤状の花序から遠くに種子を弾き飛ばして、そこが適地であれば芽生えて成長を始める。そのため多くのドルステニアを栽培していると思わぬ所から実生苗が出現する。基本的に丈夫な植物だが、多くは寒さに弱いため、冬期も最低温度摂氏10度を確保したい。

園芸栽培以外の利用はあまり知られていないが、いくつかの種が薬用にされ、食用にされる種もあるという。

ドルステニア ジプソフィラ

Dorstenia gypsophila

根元が太く盆栽状になる幹は高さ1〜2.5m、、枝はサンゴのよう伸び、樹皮は白く細かにひび割れる大変魅力的な種。ソマリア北東部のトアゲー州　Togdheer のブラオ地区 Burao District からのみ知られる。原産地は年間降水量約150ミリ、春と秋に雨が降る他はほとんど降らない砂漠である。本種やギガスなどは、栽培下では結実にしにくく、種子が飛散して自然発芽することはまずない。

ドルステニア バルニミアナ

Dorstenia barnimiana

ごく小型の種で、２〜７cmほどになる地中の塊根から、円形ないしハート型の濃緑色の葉を生じ、魔女の手を思わせる奇妙な花を咲かせる。イエメン南西部と東アフリカ（ソマリア・エチオピア・スーダン南部〜コンゴ・サンビア・マラウイ）の乾季のある雨の多い熱帯地域で、森林や元森林だった草原に生える多年草。乾燥や気温の低下などで落葉、出葉を繰り返す。種名は19世紀ドイツの探検家アーダルベルト・フォン・バルニム Adalbert von Barnim（1841〜1860）への献名である。

ドルステニア ラブラニ
Dorstenia lavrani

学名はアフリカ産の多肉植物の研究家ジョン・ジェイコブ・ラヴラノス氏への献名である。2008年に記載された新しい種である。ソマリア北部の町エリガボ Erigavo の北にあるタバア峡谷 Taba'a Gap からのみ知られている。自生地は標高100〜1750mのビャクシン属の疎林にある苔むした石灰岩の岸壁にアロエ アルボヴェスチタ *Aloe albovestita* とともに生えている。長楕円形の葉の長さは1.5〜4.5cm、縁が細かに波打ち先はやや尖る。根元で枝分かれする幹は高さ1〜3cm、最大で20cm、螺旋形に並んだ葉柄の跡が目立つ。本種の特性として雌雄異株であることが挙げられる。花茎は短く花の直径は1cm前後、下に俯いて咲き、縁には角状の付属体が6〜12本ある。本種はドルステニアとしては成長が遅い。右の写真は葉性と樹皮のタイプ違い。

ドルステニア フォエチダ
Dorstenia foetida

アラビア半島南部、エチオピア東部〜ソマリア・ケニア・タンザニア北部に分布する。自生地は熱帯地域の乾燥地帯で、標高100〜2100mの岩場や崖に生える。クリスパ(*D.crispa*)を同種として統合する分類が主流になりつつある。葉と茎の形に変化の多いことで知られるので識別に迷うことも多い。葉は卵形から長楕円形で長さは2〜18cm、縁は細かな鋸歯があるものから縮れて波打つものまである。茎は根元が太り徳利状から球形、または塊状になる。全体に茶色のものや綺麗な散り斑が入った斑入り品など、いろいろなタイプが栽培されておりコレクションする楽しみもある。

ドルステニア sp.マダガスカル
Dorstenia sp, Madagascar

マダガスカル原産で、種名不詳で輸入されてきたもの。地中の不整形な塊根から、多肉質ではない草のような茎と葉を生じる。花は突起が上下のふたつしかなく、細長く人の顔のようにも見える。ひょろりと育つ草体とあいまって、幽霊のような儚い印象の植物。同属のザンジバリカ(*Dorstenia zanzibarica*)とも外形的な共通点がある。寒さには弱いようで、秋に気温が下がるとすぐに落葉し、春の目覚めも遅い。

ドルステニア・ランキフォリア

Dorstenia crispa var. *lancifolia* (ES10113 Somalia)

ランキフォリアは通常、赤みを帯びた肌のもう少し細い形の植物だが、これはドイツの植物輸入業者・エキゾチカが導入したソマリア産の特異な型(ES10113は同園の整理番号)。太くてマッシブな幹が直立し、葉は濃緑で皮革のような質感と光沢がある。幹には葉痕が密に並ぶ。花も突起がよく目立ち、観賞植物としての魅力は際立っている。クリスパ・フォエチダはだいたい自家授粉結実し、周辺に子株が生えるが、本種はそういったこともないので、あまり流通しておらず稀少である。性質は丈夫だが、成長は早くない。

Fouquieria
フォークイエリア

フォークイエリア ファシクラータ
Fouquieria fasciculata
カンツア ファシクラータ *Cantua fasciculata* として1819年に記載されたものを、アメリカ合衆国の園芸家で植物学者のジョージ・バレンタイン・ナッシュGeorge Valentine Nash（1864〜1921）が1903年に現在の学名に改めた。なおカンツア属 Cantua はアンデス山脈などに分布する美しい花を咲かせるハナシノブ科の潅木である。メキシコ中部のイダルゴ州などに分布し、岩山の乾燥した低木林に生える。緑色を帯びた樹皮が特徴的な、大きなとっくり型、またはボウリングのピンのような形の幹を持つ低木で、高さは3〜5mに達する。枝先に白い花を秋に咲かせる。原産地では過剰な採集圧にさらされているため絶滅の危機にあり、ワシントン条約付属書Ⅰ類に指定され国際的な商業取引が禁止されている。今後は国内に入ってくる見込みが無いので、今ある個体を絶やさない努力が必要な貴重種である。

鮮やかな花と緑の幹肌を持つ、北米の砂漠を彩る木

フォークイエリア属は11種が北米大陸南西部からメキシコに分布し、大半はメキシコの固有種である。ドイツ人の植物学者カール・ジギスムント・クントCarl Sigismund Kunth（1788〜1850）によってフォークイエリア フォルモーサ *Fouquieria formosa* を模式種として1823年に記載された。属の名前はフランス人医師のピエール・エロア・フーキエ Pierre Éloi Fouquier（1776〜1850）への献名である。

フォークイエリア属だけでフォークイエリア科 Fouquieriaceae を成している。フォークイエリア科はツツジ目に属し、見た目は甚だしく異なるがシバザクラなどが含まれるハナシノブ科 Polemoniaceaeに最も近縁である。

程度の差はあれ幹が肥大する多肉植物で、数m〜10m程度に達する灌木または高木である。サボテンに似たところがあるが葉が付く点や花の作りで明確に異なる。葉は落葉性。日本国内ではマイナーな植物だが、赤い花が美しいオコチロ Ocotillo の名で知られるフォークイエリア スプレンデンス *F. splendens* が一般的には知名度が高い。原産地では生垣などに用いられる種類もあり、庭木としても植えられる。本書で取り上げている2種と、フォークイエリア コルムナリス *F. columnaris*（付属書II類指定）の合計3種がワシントン条約で国際間の取引の規制対象となっている。

フォークイエリア プルプシー

Fouquieria purpusii

アメリカ合衆国の植物学者で北米大陸南西部の植物に詳しかったタウンゼンド・スティス・ブランデギー Townshend Stith Brandegee (1843～1925) によって1909年に記載された。彼の植物学への情熱は相当なものだったと見え、1889年の新婚旅行(妻も植物学者のメアリー・キャサリン・ブランデギー博士 Dr. Mary Katharine Layne Curran)ではサンディエゴからサンフランシスコまで徒歩で植物採集をしたほどだった。メキシコ中南部のプエブラ州とオアハカ州の境付近に生える。標高1000～2300mまでの山地にある乾燥した低木林に生える。タル状、またはビール瓶に似た幹は高さ4mに達する。本種も白い花を咲かせる。この仲間の中で細長い葉が特徴的。本種もまた原産地では過剰な採集圧にさらされて絶滅の危機にあり、ワシントン条約付属書Ⅰ類に指定され国際的な商業取引が禁止されている。

ユーフォルビア ギムノカリキオイデス
Euphorbia gymnocalycioides

種小名はサボテンの『ギムノカリウム属に似ている』の意味で、扁平の球体はサボテンを思わせるが、本種には刺も刺座もない。円錐形のイボに覆われた茎は直径６～10cm、深緑色～紫褐色をしている。夏にごく短い花茎を伸ばして、直径5ミリほどの花を咲かせる。　ケニアとの国境に近いエチオピア南部の一部に分布する。自生地は年間降水量200ミリ弱、主に春と秋に雨が降る砂漠地帯で、冬でも平均最低気温15℃の地域にある、標高1350mの高原地帯にある石灰質土壌の半砂漠である。アカシアやコンミフォラなどの樹の下や藪の中に生える。耐寒性は乏しいが丈夫な植物で、接ぎ木苗もカットすれば発根して正木になる。成長期は十分日光にあて、乾き過ぎないように灌水する。

ユーフォルビア スザンナエ・瑠璃晃
Euphorbia susannae

小さいながら精密な造形には見飽きぬ魅力があり、普及種と侮れない。高さ10cm前後、直径3～５cmのサボテンに似た茎には刺状の疣が11～16個の列をなしており、はじめ単頭、早くから子を吹き数頭から数十頭の群生となる。花は茶色で直径５mm弱、枝の先の方に群開する。西ケープ州のリトル カルー地域の西部に分布する。自生地は年間降水量約300mmで秋と春に降水量のピークがある。石英の小石が多い場所の藪の中や潅木の下に生え、半ば地面に埋もれていることもある。

Euphorbia
ユーフォルビア

ユーフォルビア ガムケンシス
Euphorbia gamkensis
(syn. *Euphorbia decepta*)

その姿から、日本では「タコもの」と呼ばれるグループの中のひとつ。ガムケンシスは、デセプタ等と同種と見なされるが、コンパクトで整った姿に気があり、園芸的には区別されることが多い。東ケープ州西部から西ケープ州東部に分布し、自生地は春から秋に雨の降る地域で、標高800～1200mの石の多い平原に生える。亀甲状の表皮に覆われた中央の直径10cmの球形、または短い柱状の幹から短い枝を放射上に伸ばす。ふつう単頭で株立ちにはならない。枝は枯れた花茎が刺のようになって長く残る。この枝は一定の長さまで成長すると止まり、枯れ落ちる。葉は長さ1～2mmの痕跡的なもので、枝先に付くがすぐに落葉する。地味な茶色の花は直径5～7mm。十分な陽光と風通しの良い環境で引き締まった姿に育てたい。また、この類はアカダニの被害に遭いやすく、放置しているとすぐに汚い肌となるので、注意が必要。

あらゆる環境に適応進化
千変万化の目を見張る多様性

ユーフォルビア属はトウダイグサ科の植物群で、およそ2000種が知られており種子植物の中でも最も種の数が多い属のひとつ。世界の熱帯・亜熱帯を中心に広く分布し、一・二年草から多年草・樹木・多肉植物・つる植物・地下植物など、水生植物以外のほぼすべての生活形を網羅しており多様性に富んでいる。空き地や畑などみられるお馴染みのトウダイグサ(*Euphorbia helioscopia*)もそのひとつだ。花は盃状花序と呼ばれる独自のもので雌雄異花。植物体を傷つけると白い樹脂を分泌するが、これは程度の差はあれ有毒である。

ポインセチア *E. pulcherrima* を始め園芸植物も多く含まれるが、本書で取り上げているのはその中でも肥大した茎や、塊茎・塊根を持つ種類で、『多肉ユーフォルビア』と称される、主にアフリカ産のものである。多肉植物としては、モナデニウム属(Monadenium)、ヤトロファ属(Jatropha)も同じトウダイグサ科に属する。

ユーフォルビアの属名はヌミディア王国(現在のアルジェリア一帯)の王 ユバ2世 Juba II (50BC ?～19AD ?)に仕えたギリシャ人の医師ユーフォルバス Euphorbus に由来する。ユーフォルバスはアトラス山脈のある多肉植物の樹脂が強力な下剤になることを報告した。ユバ2世はその植物を彼の名にちなんで Euphorbia と名付けたという。

ユーフォルビア属はユーフォルビア ミセラ *E. misera* を除く全種がワシントン条約の付属書Ⅱ類、一部は付属書Ⅰ類に指定されている。

ユーフォルビア
クラヴァリオイデス・飛頭蛮
Euphorbia clavarioides

西ケープ州の東部からクワズールー－ナタール・レソトまで分布し、標高1800～2600mの山地の岩場や岩の多い斜面に生える。自生地の多くは夏に雨が降って冬は乾き、雨量も多く年間降水量約500～1000ミリ強、冬に寒くなり0℃以下になる日もある地域である。サボテンに似た茎は小さく、直径1cm前後で人差し指ほどの大きさである。これが規則正しく並んでふつう直径30cmあまり、時には1mを超える小山のようなドーム型の群生となる。地下にはダイコン状の塊根を持っている。春に直径5～6mmほどの明るい黄色い花が枝先に咲く。群体が小山のようにならずマット状に広がるものを変種トルンカータ(通称:神蛇丸) ver. *truncata* として区別する場合もある。 徒長しないようにして、長く作り込んで群生美を楽しみたい。

ユーフォルビア エクロニー・鬼笑い
Euphorbia ecklonii

本来は地中性の塊根だが、鑑賞するために土に上に出して育てられることが多い。卵形の葉は長さ2～5cm、地面に広がりロゼットを形成する。茎はほとんど無く、高さ2～5cmの花茎に緑から茶色の花を咲かせる。雌雄異株なので雄花と雌花のどちらかしか咲かない。西ケープ州南部に分布する。自生地は年間降水量約220～300ミリの、秋と春に降水量のピークがある主に冬に雨が降る地域である。ただ夏も一定量の雨がある。標高90～150mの草原や茂みの中に生える。芋を外に出して育てる場合は、芋の部分を強い日射にあてないようにしたい。

ユーフォルビア ムルチラモーサ・轉輪王
Euphorbia multiramosa

ユーフォルビアの中では難物種として知られる。ナミビア南部から北ケープ州北西部に分布し、自生地は主に冬に雨が降る。標高600m付近の砂漠地帯の平原に点在して生えている。ほぼ球形の幹は高さ10～12cm、短い枝を密生して、枝には枯れた花茎が刺状になって残る。幹の下には長い直根が伸び、花は明るい黄緑色をしている。写真の株は、春秋に加え冬も暖かな環境で灌水を続け、真夏は断水して休ませるというメセン類に準じた管理で順調に育っている。ユーフォルビア ナマクエンシス *E. namaquensis* と同種とする見解もある。

ユーフォルビア シポリシー
Euphorbia sipolisii

ブラジル東部のミナス ジェライス州中央部のごく一部に分布する。自生地は標高1300mの岩山で、陽射しを遮る物の無い岩の割れ目に生える。直立して叢生する節のある細長い茎は高さ50～150cm、断面は四角形で角の部分が稜になっている。茎が四角形なのが他のブラジル産の多肉ユーフォルビアとの違いである。花茎は無く、節に直径8mmのえんじ色か黄色の花をつける。南北両アメリカ大陸産の多肉ユーフォルビアは、アフリカ大陸産の多肉ユーフォルビアとは別系統なのが判明している。学名はディアマンティーナ Diamantina の町の神学校の校長を務め多くの研究者を支援した19世紀の人物アッベ・ミシェル・マリー・シポリス Abbé Michel Marie Sipolis への献名である。

ユーフォルビア バリダ・貴青玉
Euphorbia meloformis subsp.*valida*

サボテンに似た稜のある球形の茎は高さ5～15cm、直径もほぼ同じで、単頭から数頭の株立ちになる。表面には特徴的な紫褐色と緑色の横縞模様があって、強い光線にあてると鮮やかに浮き上がる。花はしばしば分岐する長さ2～3cmの花茎の先に咲き、花が終わるとこの花茎は刺状になって残る。雌雄異株で一つの株には雄花か雌花のどちらかしか咲かない。東ケープ州西部に分布する。自生地は春と秋に降水量のピークがあるが通年一定量の雨の降る地域である。標高40～600mの石灰岩地の石の多い平原や斜面などに生える。丈夫で育てやすい。違法採集と放牧による自生地の環境悪化により個体数は減少しており、準絶滅危惧種とされている。

ユーフォルビア アンボボンベンシス
Euphorbia ambovombensis

学名は発見地の町アンボボンベ Ambovombe にちなむ。マダガスカル島の南端地域に分布する。自生地は年間降水量300ミリ強ある夏に雨が降る地域で、標高200m前後の平原地帯にある疎林や藪に覆われた平原に生える。落葉性の葉は濃い緑色から茶色で長さ３～５cm。根元から分岐する枝は横に広がり高さ35cm前後、細かな刺が生えている。丸い部分は塊根で直径４～10cm、地上には枝葉だけが見えている。枝先に着く花茎は二股に枝分かれして、直径１cmほどの淡い紫褐色の花を２～８輪咲かせる。本種は農地開発・過放牧・違法採集によって産地が減少しつつある。

ユーフォルビア・飛竜
Euphorbia stellata

ユーフォルビア カクツス
Euphorbia cactus

⬆塊根多肉ユーフォルビアの古典的名品。地下に直径６～７cmのダイコン状の塊根を持ち、その先端から放射状に広がる茎は肉厚な扁平形で、地面を這うように広がる。紫褐色と薄緑色の縞が美しい。茎は２稜の扁平な形が一般的だが、３稜で捻れるように伸びる個体も見られる。直径５mmの黄色い花が茎の縁に並んで短い花茎の先に咲く。東ケープ州西部に分布する。自生地は秋と春に降水量がピークとなる地域で、標高50～450mの石の多い平原や斜面に生える。鑑賞のため塊根を土から出して育てることが多いが、埋めて育てた方が早く肥大する。

⬈アラビア半島南部とアファール盆地（アファール三角地帯）に分布する。自生地は年間降水量100ミリ弱～約200ミリで、標高2000mまでの砂漠地帯に生える。　その名のとおり柱サボテンのような茎は規則正しく枝を分かち、逆円錐形の樹形を作り高さ１～３mに達する。茎にはふつう稜が３つあり鋭い刺が並んでいる。独特の形状から『燭台の木 Candelabra tree』と呼ばれ、枝が捻れて螺旋形になるものや斑入り品もある。直径１cm弱の鮮黄色の花が咲く。

➡エチオピアとケニアの国境付近とソマリア西部に分布する。自生地は年間降水量約160～200ミリの主に夏に雨が降るか、春と秋に雨の多い地域で、標高150～1000mに広がる乾燥したサバンナや半砂漠に生える。幹はごく短く、高さ15～30cmになる刺の多い枝が多数放射状に叢生する。茎の稜が暗色になりまだら模様になった枝が面白い。枝先に咲く花は黄色から明るいオレンジ色で直径4ミリほど。花茎はごく短く目立たない。

ユーフォルビア アクチノクラダ
Euphorbia actinoclada

ユーフォルビア ホルウッディー
Euphorbia horwoodii

ソマリア北東部のバリ地域 Bari Region の固有種で、稀少な名品。自生地は年間降水量約160ミリの夏に雨が降り乾季と雨季の差がはっきりした地域で、標高600〜700mの石灰岩地の草原にある灌木などの下に生える。若い株と老成した株で姿が劇的に変わる植物で、写真のような若苗は、饅頭型の短い幹にごく短い枝が付いた滑らかな肌の姿であるが、成長すると枝が長くなり刺を生やすようになってユーフォルビア アクチノクラダを思わせる姿に変わる。花は直径3mmほどで黄色か黄緑色をしている。学名はイギリス出身の園芸家フランシス・K・ホーウッド Francis (Frank) K. Horwood (1924〜1987) への献名である。

ユーフォルビア グロブリカウリス
Euphorbia globulicaulis

塊茎・塊根を作る多肉植物の中で最小の種のひとつと言われている。ソマリア北西部のごく一部に分布するとされ、標高約700〜800mの石灰岩地にある灌木の茂る石が多い斜面に生える。根出葉は長い葉柄を持つが、伸びた茎につく葉は対生し葉柄を欠く。饅頭型の塊茎の下には長い直根がある。直径3cmほどの塊茎は乾燥が続くと収縮して土に埋もれ、雨が降ると膨らんで地上に現れるという。その塊茎から球形になる枝がまばらに出ることもある。長く伸びた枝先に緑色の目立たない、直径2mmほどの花を咲かせる。

ユーフォルビア フィリップシオイデス
Euphorbia phillipsioides

学名はソマリア北西部に分布するユーフォルビア フィリップシアエ *E. phillipsiae* に似ている、の意味である。ソマリア北西部のごく一部に分布する。標高1300〜1500mの石灰岩地帯の石や岩の多い平原に生える。小型の柱サボテンに似た茎は数本の株立ちになり高さ10〜15cm、直径10cm程度の塊状に育つ。花は薄茶色で直径2ミリほどの小さなもので、稜に並んで咲く。帯化したものも知られている。

ユーフォルビア ポイゾニー 黄覆輪
Euphorbia poissonii Yellow marginata

学名は『有毒の』を意味し、現地では樹液を矢毒・魚毒・殺鼠剤などに利用してきたことによる。西アフリカ(カメルーン〜ガーナ)に分布する。自生地は明瞭な乾季と雨季のある地域で年間降水量1200〜2000ミリを超える熱帯の多雨地帯である。標高400〜700mの疎林や低木林・草原・岩場などに生える。葉は長さ5〜14cmのヘラ型で先端は凹頭、乾季には落葉する。低木または潅木で高さ2〜３m、枝には太く短い刺がある。直径１cmほどの濃い黄色で赤いめしべがよく目立つ花を枝先に咲かせる。写真はその美しい黄覆輪斑の栽培品種。

葉の脱落した後が鱗状に積み重なり、ソテツのような独特の姿になる。そのため蘇鉄大戟とも呼ばれる。幹は高さ10〜20cm、青みを帯びた柳のような葉は長さ7〜15cm、通常単幹である。径１cmほどの黄緑色の花が幹の先端付近に群れて咲く。自生地は東ケープ州東部からクワズールー－ナタール州南部で、春から秋に雨が降り、夏に降水量のピークがある。年間降水量500ミリを超えるサバンナに生える。酷暑期、厳寒期は落葉して休むが、それ以外は順調に育ち成長も早い。

ユーフォルビア・鉄甲丸
Euphorbia bupleurifolia

Jatropha
ヤトロファ

ヤトロファ ペラルゴニーフォリア
Jatropha pelargoniifolia
学名は『ペラルゴニウムに似た葉の』の意味である。葉は十分展開すると、園芸植物として馴染み深いガーデンゼラニウムとよく似た姿になる。肥大した茎は硬質で、銀白色に輝き美しい。低木で、茎は高さ20～200cmになる。葉は3～5中裂し軟毛に被われている。葉を特徴に基準変種の他に二つの変種がある。変種グラブラ var. *glabra* は葉が無毛、変種サブロバータ var. *sublobata* は軟毛に被われた浅裂する葉を持つ。他にも様々な型があり産地による変異の幅が大きい。花は直径3mmほどで目立たない。アラビア半島南部、東アフリカ北部に分布し、砂漠地帯の岩と石の多い荒野に生える。写真の株はソマリア産。自生地では薬用に用いられているという。

いぶし銀の魅力を放つ ユーフォルビアの近縁グループ

ユーフォルビアと同じトウダイグサ科に属し、約190種が世界の熱帯・亜熱帯に分布。南北アメリカ大陸とアフリカ大陸に多くの種がある。多年草・低木・高木になり、一部の種は肥大した塊茎や塊根を持ち、コーデックスプランツとして人気を集めている種もある。

植物体を傷つけると分泌される白い乳液は、多少の差はあれ有毒である。鑑賞植物として栽培されるほか、一部の種は薬用にされ、種子を食用にする種もある。また油糧源植物として注目される種もある。栽培上は丈夫な種が多いが、大半が熱帯原産で寒さに弱いため、国内では加温室での越冬が必要。

ヤトロファ クリニータ

Jatropha crinita (syn. Jatropha marginata)

ソマリアの首都モガディッシュ(モガディシオ)周辺の特産である。標高5〜40mの藪の茂る海岸の砂地に生える。広楕円形か卵形の葉は長さ2〜3cm、しばしば3浅裂する。横に広がる枝は高さ20cmほどになり黒っぽい毛のような細い棘が生える。花は薄緑色で直径3mmほど、雌雄異株で、一つの株には雄花か雌花のどちらかしか咲かない。地下には丸い塊茎があり、その下には長い直根がある。本属中の最小の種とされる。

ヤトロファ エレンベッキー (フィッシスピナ)

Jatropha ellenbeckii (syn. Jatropha fissispina)

刺のある茎がツボ型に肥大する魅力的なコーデックス。エチオピア南部・ソマリア南部〜ケニア・タンザニア北部に分布する。自生地は標高90〜約1000mの岩の割れ目や溶岩原の斜面、石の多い砂質土壌の場所の低木の茂みなどに生える。長さ2.5〜8cmの葉は3裂か掌状に5裂し、茎の若い部分や葉には軟毛が密生している。幹は高さ10〜100cm、稀に250cmに達し、根元が著しく肥大する。花は薄緑色、3mmほどで目立たない。学名はドイツ人の植物学者で1900〜1901年にソマリア方面へ調査旅行に出たハンス・エレンベック Hans Ellenbeck への献名である。国内ではフィッシスピナで販売されることもあるが、エレンベッキーの記載は1903年、フィッシスピナは1909年であるから、エレンベッキーの名が優先される。

Adenia
アデニア

アデニア・バリー
Adenia ballyi

丸くて形のよいグリーンの地上性の塊茎から、刺のある枝を伸ばす魅力的な種。普及の進んでいるグロボーサに近いが、肌色はグリーンに白をかぶせたような独特の味わいがあり、個体によってはブルーがかって見える。アクセスしにくいソマリアに自生し、流通する個体がごく少ないため大変高価である。成長は遅いが、実生のほか、挿し木でも増やすことが出来る。ただし塊茎部分が膨らんでくるまでには数年から５年程度は必要。暑い夏は水をたっぷり与えて、旺盛な成長させたいが、塊茎は直射日光あてると日焼けしやすい。これは野生下では塊茎が見えないくらいに繁茂した枝が日除けの役割を果たしているため。

ボール状の塊茎、刺だらけの枝
人気上昇中のエキゾチックプランツ

パッションフルーツで知られるトケイソウ科(Passifloraceae)の多年草で、多くは低木ないしはツル状に生育する。トケイソウに似た葉や実を付けるものも多い。旧世界、なかでもマダガスカルや熱帯東アフリカに分布の中心があり、幹が太るコーデックス型の多肉植物が多く含まれる。緑色の塊茎から刺のある枝を伸ばし、珍奇植物として古くから親しまれるグロボーサもこの仲間である。

栽培は難しくないが、大半が熱帯原産のため寒さには弱い。一方で、夏の成長期には水を好む物が多い。日本では秋から徐々に水を控え、冬季は完全に水を切ったほうが失敗がない。最低温度は10度は保ちたいところ。ギリギリの温度で越冬させることは植物にとっては大変なストレスで、そのとき枯れなくても次第に衰弱してしまうことも多い。

近年は、マダガスカル、ケニアなどの原産地から多くの植物が輸入され、人気を集めている。まだまだ高価な物が多いが、種子の流通もわずかにあるため、種から育てるのも面白い。また、枝挿しでも繁殖できる。ただ、いずれも成長はとても遅い。

アデニア sp. マダガスカル
Adenia sp. aff. *stylosa*

マダガスカル原産の幹が肥大するツル植物。種名不詳で十年ほど前に輸入された株だが、今も入荷があるステイローサに近いものと推察される。写真の株は、直径12cmほどの扁平なコーデックスで、若い部分はグリーン、のちに白化する。特徴は塊茎の凹凸で、野菜のゴーヤのような肌感の面白いもの。夏場は旺盛にツルをのばし、暗緑色の葉を茂らせるが、日本では気温が15度を下回る秋口には落葉する。冬は最低気温10度程度を維持した方が安全だろう。

アデニア　サブセシリフォリア
Adenia subsessilifolia

マダガスカルなどに自生し、成長すると枝は白く粉を吹いたような質感になってくる。ほとんど流通は無い希少種だが、こちらも挿し木で増やすことが出来る。

アデニア ペチュエリー

Adenia pechuelii

すべてのコーデックス植物のなかで、マニアから最も渇望されている種のひとつ。ナミビア原産で、灰緑色のどっしりと肥大した幹から、先端の尖った枝を天に向かってまっすぐ伸ばす。はじめ、葉を生じるが、やがて落葉する。かつて輸入された野生個体は、数十センチもの巨大な塊茎の株もあったが、原産地でも極めて稀少であり、今後は写真のような実生苗の栽培が中心になるだろう。生育は遅いが、10年、20年と、少しずつ幹が肥大し、貫禄が備わっていく。性質は丈夫で、この属のなかでは寒さにも強い。

アデニア・スピノーサ

Adenia spinosa

丸々と育つ地上性の塊茎は、翡翠のような緑色で、とても美しい。その名の通り、刺のある枝を伸ばして葉をつける。野生株では塊茎の大きさは1mを超え、象の足のような奇観を呈する。原産国は南アフリカの北部から、ジンバブエ、ボツワナで、グロボーサなど東アフリカ産のアデニアに比べれば耐寒性がある。自生地は土地開発などで徐々に失われつつあり、今後は種の保全も必要になるだろう。写真の株は実生育成苗で、種から育てた苗は姿の良い塊茎になる。成長もこの属としては早い方である。

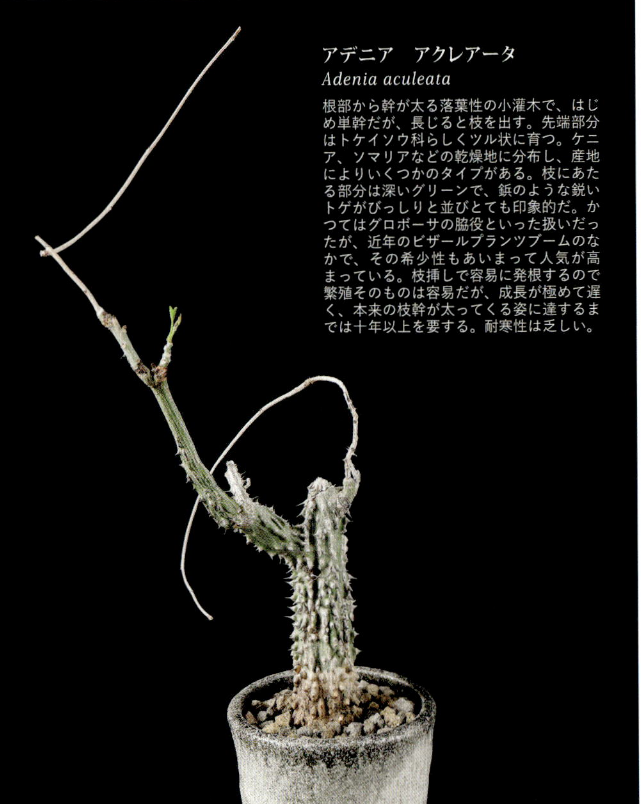

アデニア　アクレアータ

Adenia aculeata

根部から幹が太る落葉性の小灌木で、はじめ単幹だが、長じると枝を出す。先端部分はトケイソウ科らしくツル状に育つ。ケニア、ソマリアなどの乾燥地に分布し、産地によりいくつかのタイプがある。枝にあたる部分は深いグリーンで、鋲のような鋭いトゲがびっしりと並びとても印象的だ。かつてはグロボーサの脇役といった扱いだったが、近年のビザールプランツブームのなかで、その希少性もあいまって人気が高まっている。枝挿しで容易に発根するので繁殖そのものは容易だが、成長が極めて遅く、本来の枝幹が太ってくる姿に達するまでは十年以上を要する。耐寒性は乏しい。

アデニア・グロボーサ

Adenia globosa

本属の代表種で、ビザールプランツの代表種のひとつになったグロボーサの花。日本では秋から冬にかけて、暖かい環境を保つと、とてもよく開花する。花は淡い黄色の小輪で派手さはないが、鈴なりに咲くので可愛らしく、ジャスミンのような素敵な香りがある。グロボーサの仲間は、本来、刺だらけの枝を塊茎が見えないほど茂らせるので、栽培下でも出来るだけ自由に枝を伸ばしてやると、元気に育って花つきもよくなる。

アデニア　プセウドグロボーサ

Adenia globosa subsp. *pseudoglobosa*

分類の上ではグロボーサに含める考え方が主流となっているが、鑑賞上は明確な違いがある。最大の違いは、グロボーサの特徴である塊茎上のこまかな突起がなく、すべすべと平滑な肌をもっていること。また、枝も刺がまばらで、全体にグリーンが鮮やかに引き立ち、やさしい印象を与える。グロボーサの分布域のなかで、特定のエリアにのみ局限されている特異なタイプと考えられる。近年は入荷がほぼなく、かつて入った個体も少ないため、大変稀少になっている。栽培はグロボーサ、バリーに準ずる。

モンソニア ペニクリナ
Monsonia peniculina
(syn. Sarcocaulon peniculinum)

かつてはサルコカウロン・ペニクリナム（*Sarcocaulon peniculinum*）と呼ばれたが、今はモンソニア・ペニクリナである。ホネ型コーデックスの最高峰だが、入手困難な種。太く滑らかな塊茎は固い肉質で、地を這うように横に伸び、長さ5〜15cm、あまり枝分かれせず表面には成長点のある部分が並ぶ。葉はごく細い樹氷状で繊細な微毛に覆われている。花は3cmほどで、薄い花弁は和紙のようなテクスチャを持ち、色は白からローズピンク。ナミビア南端のオレンジ川河口地域に分布し、自生地は極く限られている。年間降水量60ミリ前後で秋から冬に雨が降る砂漠地帯である。標高50mまでの南または南東向きの岩場や石が多い砂地に生える。上の写真は長年作り込んでいる輸入球。

モンソニア・ペニクリナの実生育成苗。肉質は硬く、成長は大変遅い。

過酷な環境を生きる枯淡の風情
南アフリカのホネ型コーデックス

モンソニア属はフウロソウ科(Geraniaceae)の植物群で、日本の山野でも見られるフウロソウの仲間で、花などよく見ると共通点がわかる。最近までサルコカウロン属(Sarcocaulon)に含まれていたので、その名前の方がいまも通りが良い。半数が南アフリカに分布する、多年草か低木。その中で多肉質の低木になる種が以前はサルコカウロン属としてまとめられていた。しかし最近の研究で、サルコカウロンは単にモンソニア属の中で多肉質の茎を持った種をまとめたに過ぎないと考えられるようになり、全てモンソニア属に統合された。

園芸的にはかつてサルコカウロン属にまとめられていた14種が主な関心の対象であり、葉のないときの姿からホネ植物とも呼ばれ珍重される。幹や枝はワックス成分で厚く覆われていて、よく燃えることから『ブッシュマンの蝋燭 Bushman's Candle』などとも呼ばれる。いずれもナミビア西部から南アフリカ西部・南部の砂漠や乾燥した少雨地域に分布している。栽培では秋から春に葉をつけ成長し、夏は葉を落として休眠する。一般に寒さには強いが、順調に成長させるには冬も暖かで陽当たりの良い環境が望ましい。

モンソニア ムルティフィダ・月界
Monsonia multifida
(syn. *Sarcocaulon multifidum*)

ペニクリナに似ているが、茎はより細長くソーセージ状で、分枝しやすく、広がり、高さは20cmほどになる。葉はやはり細かく裂け微毛に覆われている。直径3cmあまりの花はローズピンクで基部に赤色の斑紋があるのが特徴である。太い根が下に伸びる。北ケープ州北西部に分布し、自生地は秋から冬に雨が降る砂漠地帯で、標高90mまでの石英の石に覆われた丘の間や岩場に生える。過放牧と鉱山開発等で急激に個体数が減っており、今後10年以内に全個体数の50%が失われる可能性が指摘され、絶滅危惧種となっている。こちらもサルコカウロンだった時はムルティフィズムと呼ばれていた。

モンソニア クラシカウリス
Monsonia crassicaulis
(syn. *Sarcocaulon crassicaule*)

葉がないときは枯れ木にしか見えないホネ植物。多肉質で硬い茎は枝分かれしながら伸び、横張りに広がり高さ25cm前後になる。短い葉柄の葉と長い葉柄のある葉の二つがあり、長い葉柄のある葉は落葉しても葉柄が残って棘状になる。短い葉は長さ1cmほどである。花は白く直径3cm強。写真の株は一部の葉が斑入りとなる枝がわりで、毎年同じ場所から出る葉には黄色く斑が入る。ナミビア南部から南アフリカ西部(東ケープ州西部まで)にかけて広く分布する。自生地は冬か、秋と冬に降雨のピークがある地域。標高300〜1220mの石の多い平原や岩の多い斜面・岩盤の露出している場所に生える。

Pelargonium
ペラルゴニウム

ペラルゴニウム カロリ-ヘンリキ
Pelargonium caroli-henrici
学名はカール＝ハインツ・ライヒンガー Karl Heinz Reichinger への献名である。落葉性の長さ3～4 cmの葉は細裂して白い長毛に覆われている。地下に塊根があり直径３～６cmになる。西ケープ州北西部から北ケープ州南西部に分布する。自生地は冬に雨が降る地域で、石英の小石が広がる平坦な場所に生える。稀産種で産地も少なく数も少ないようである。

葉には独特の芳香
美花揃いの塊根多肉

前項のモンソニア同様、フウロソウ科の植物で、馴染み深いゼラニウム(天竺葵)を含む属。約250種がアフリカ大陸から地中海地方東部・アラビア半島・西アジア・インド、オセアニア、大西洋の島嶼に分布し、大半の種は南アフリカに分布する。一年草・多年草・低木で、つる性の種もあり、一部の種は多肉植物である。花は左右対称であり、しばしば上二枚の花弁には濃い色の斑紋がある。また全体に精油成分を含み香気を発する。

これまでに南アフリカ産の種を中心に栽培化され、園芸植物として重要である。利用別に花を観賞するもの・葉を観賞するもの・芳香のある葉を楽しむものがあり、日本でも幕末から明治にかけてイギリスよりゾナーレ系の交配品種を中心に導入されて栽培するようになり、その後独自の発展を遂げて明治後半から昭和初めにかけて『錦葉ゼラニウム(天竺葵)』として伝統園芸植物の一分野となった。

多肉植物園芸では、このうち幹が肥大するものや地中に塊根を形成するものなどを、コーデックスとして楽しむことが多い。これらについて言えば、栽培上は秋から春に葉を出し成長するものが多く、成長期は十分陽光にあて、温暖な場所で管理すると元気よく成長する。コーデックス型のものや、塊根を形成するものは、葉のない休眠期には水を切った方が安全である。

Pelargonium moniliforme
南アフリカ西部原産で地下に3cm程度の塊根をつくるペラルゴニウム。秋に出葉する冬型種で、早春に開花する。

ペラルコニウム ロバツム
Pelargonium lobatum

塊根性のペラルゴで、本来は地中にあるものだが、しばしば芋を出して植えられている。葉は大きく直径10～30cmで三裂し、切れ込みの深さは様々である。花茎は最大で70cmに達し、花茎の先に6～20輪の花が散形につく。直径２cm弱の花はクリーム色をベースにしてピンク色を帯びたり、黒紫色の斑紋がある。時にこの斑紋が大きくて、ほとんど黒い花になるものもある。この花は夜になるとクローブに似た甘い香りを発する。かつては食用にされ、新芽と若葉･若い根を刻んで他の野菜と混ぜて煮食したという。西ケープ州の主に冬に雨が降る地域に分布する。

ペラルゴニウム トリステ
Pelargonium triste

最近人気を集めている塊根ペラルゴで、木片のような塊根は15cmほどになる。成長期に出る葉は1～3回羽状に細裂し、全体が毛で覆われて優しい印象を与える。枯淡の風情を醸す塊根との対比が面白い。花はロバツムに似て夜に甘く香る。西ケープ州西部の主に冬に雨が降る地域で、標高30～1200mの砂地や斜面に生える。花は高さ20～70cmの花茎の先に6～20輪を散形につける。直径１cm強あってクリーム色から薄いピンク色、赤紫の斑点がある。やはり夜にクローブに似た甘い香りを発する。鑑賞上、芋を出す場合でも、半分~ １／３程度は埋めるのが望ましい。また夏場、露出させた芋を直射日光にあてない方が良い。

ペラルゴニウム スキゾペタルム
Pelargonium schizopetalum

羽状に浅裂から深裂する葉の長さは7～15cmあって根元に束生する。高さ30～40cmの花茎を伸ばして先端に7～30輪を散形に咲かせる。細裂してナデシコの花を思わせる花の直径は1.5～２cmあり、黄緑からクリーム色の地の花弁は全てか下３枚は赤紫を帯びる。地下には直径4～５cmになる塊根があり、根ざしで増やせる。西ケープ州南部から東ケープ州に分布する。自生地は主に冬か、秋と春に雨が降る地域で、標高610～1780mの斜面に生える。

ペラルゴニウム アルテルナンス
Pelargonium alternans

黒褐色の太い幹は枝分かれしながら灌木状に育ち、高さ10~40cmになる。葉は長さ2～6cmの羽状複葉で、各小葉も細裂した繊細な形をしている。花茎には1～3輪の花がつき、花は直径1.5cm前後で白い花弁に赤紫の斑紋が入る。盆栽のような風格ある姿で人気がある。西ケープ州に分布し、自生地は主に雨が冬に降る地域で、標高150～1830mの岩場や石の多い斜面に生える。栽培では、実生もよく育ち、挿し木も可能。丈が高く伸びやすいので、成長期もよく陽に当て抑制的に灌水する方が良い。一本の花茎につく花の数・花筒部の長さの違い・葉と葉柄の長さのバランスで基準変種の他に2つの亜種が区別されている。

ペラルゴニウム ヒルツム
Pelargonium hirtum

ブッシュ状に育つ小型のペラルゴで、可愛らしい花を咲かせる。長さ3～7cmの葉は2回羽状複葉で、各小葉は細裂している。高さ30cmほどになる茎は伸びながら花茎を出して次々に花が咲く。花茎は長さ5～8cmあって3~8輪の花を散形につける。直径1cm強の花はピンク色で、上の2枚の花弁の基部は赤紫色。全体に毛が生えているのでやわらかい印象を受ける。西ケープ州南西部の冬に雨が降る地域に分布する。標高140～180mの石の多い斜面や平地に生える。

ペラルゴニウム カルノーサム・枯野葵
Pelargonium carnosum

重量感のある枯れ木のような塊茎から、美しい葉を出す魅力的な種。高さ20〜70cmになる茎は太く、まばらに枝分かれして低木状に育つ。長さ10〜20cmの葉は羽状複葉で、小葉はさらに切れ込みが入る。花は白か薄いピンク色で枝分かれする花茎に咲く。本種は野生株はモンソニアのように丈低い塊茎だが、国内で栽培すると枝がだらしなく伸びやすい。また実生や挿し木も同様で別種のように細長く育つ傾向がある。温室内の直射日光では不足な印象で、国内暖地であれば冬期も屋外栽培が適するかも知れない。基準変種の他に、亜種フェルラケウム subsp. *ferulaceum* を区別することがある。この亜種は葉の小葉の幅が基準亜種の半分ほどで、茎がより太くなり（基準亜種は3cm程度、亜種フェルラケウムは5cm程度）、高さは低く（基準亜種の半分ほど）、花茎に着く花の数がより多い点が異なる。

ペラルゴニウム属の一種 東ケープ州パテンシー産
Pelargonium sp. *From Patensie*

木片のような塊根から成長期に葉を出すペラルゴで、トリステと共通点がある。ここ5年間くらい間歇的に輸入されている。産地とされるパテンシーは東ケープ州の西部にある町で、年間降水量約390ミリ、春と秋に雨のピークがある、真冬でも最低気温3℃止まりの温暖な地域である。栽培下では秋から春に葉を出し成長する。

Cycads
ソテツ

恐竜時代から生き延びた 野性味溢れる古代植物

ソテツ類は裸子植物で、その祖先はおよそ3億年前の石炭紀後半から化石が見つかるタエニオプテリス Taeniopteris だと考えられている。その後、1億5千万年前〜6千5百万年前のジュラ紀の最後から白亜紀には『ソテツ時代』と呼ばれるほどの絶頂を迎えたが、繁栄時期が重なる恐竜同様、大半が絶滅した。

現生のソテツ類はおよそ300種で裸子植物全体の半分弱を占める。エキゾチックな観葉植物として近年人気が高まっている。ソテツ科 Cycadaceae・スタンゲリア科 Stangeriaceae・ザミア科 Zamiaceae でソテツ目を構成しこれだけでソテツ門を作る。雌雄異株・木本・雄側が精子を作ると言う共通点がある。花および種子は松かさ状になるものが多くコーン(corn)とも呼ばれる。世界の熱帯・亜熱帯を中心に分布し、基本的に日本のソテツ(*Cycas revoluta*)以外に確実な耐寒性のある種はわずかである。個体数の少ない希少種が大部分を占め、全種がワシントン条約で国際取引を厳しく規制されている。

栽培面では、成長こそ遅いものの丈夫な植物で、鉢植えか、温室内での地植えにも適する。根が肥大するものは大きめの鉢で育てたい。熱帯植物としては耐寒性もある方で、最低温度摂氏5度程度で大半が越冬するが、冬季の過湿は根腐れにつながるので避けたい。繁殖は脇芽を掻くか、実生による。

エンセファラトス プリンセプス
Encephalartos princeps
人気のオニソテツ属(Encephalartos)のなかでホリダスなどと同じ、ブルー系の葉色で人気のある種。東ケープ州東部のグレート カル Great Kei 川の流域特産。葉は長さ100〜200cmになり硬くて先端は刺になっているが、周縁部の刺は少なく繊細な印象がある。どっしりとした幹は直径30〜40cm、普通高さ3mほど最大で5mに達し株立ちになる。ブルー葉のソテツは新葉が最も青白く、雨などにあたって次第に色が褪せる。

スタンゲリア エリオプス
Stangeria eriopus

⬅最初、シダ類と誤認されて発表されたため、いまでも「シダソテツ」などと呼ばれる。それほど植物体がシダ類に似ている。モザンビーク南部から東ケープ州東部にかけて分布する。自生地は標高10～750mの海岸に近い地域に限られ、草原型と森林型の２タイプが知られている。草原型の葉は短く高さ30cmほどでやや肉厚。森林型は高さ1～２mになる。流通するのは森林型が多いが、写真の株は草原型。地下に丸々と太った塊根があり、成長は遅いが丈夫な植物で、根挿しでも殖やせる

エンセファラトス トリスピノーサス
Encephalartos trispinosus

⬋代表的な青いソテツで、近縁のホリダス(E.horridus)の変種とする考え方もある。硬い葉は際立って青白く美しいが、概してホリダスより明るい色。長さ75～125cmある葉の先は少数の鋸歯があり、その先は刺になっている。これが多くの場合３つであるため『三つの刺』を意味する種小名がついた。。幹は直径25～30cm、高さ１mほどで斜めになる傾向があり、株立ちになる。過放牧と違法採集によって個体数は減少傾向にある。

エンセファラトス アレナリウス　トゥルーブルー
Encephalartos arenarius True Blue form

⬇強く反り返る刺の多い葉はホリダスによく似ているが、より大柄でワイルドな印象。東ケープ州中部のごく限られた地域に分布する。自生地の個体数は森林伐採と違法採集で過去40年間に半減したとされ、現在は絶滅危惧種である。本種の葉は本来は緑色だが、稀に写真のような青い色になるタイプもあり、珍重されている。自然交雑種が起源と考えられている。青系ソテツで最も美しいものだが、ホリダスのように多量に生産されておらず、入手しにくい。

Other bizarre plants
その他の珍奇植物

ウェルウィッチア奇想天外（砂漠万年青）
Welwitschia mirabilis

他のどの植物にも似ていない、あまりに異様な姿。かの龍胆寺雄氏に“世界で一番珍奇な植物”と言わしめた、まさに珍奇植物の王である。1科1属1種という位置づけが、それを端的に表している。ウェルウィッチア科 Welwitschiaceae には奇想天外ただ1種しかない。裸子植物のなかでグネツム綱というグループに属し、同じグネツム綱には漢方薬として知られるマオウがあるが、姿はまるで異なる。自生地アンゴラでは『n'tumbo（切り株の意味）』と呼ばれ、切り株に例えられるコルク質の厚い表皮に覆われた幹は高さ最大50cm、直径30〜90cmに達する。この幹の縁に沿って葉の成長する基部がある。発芽直後の子葉の間から対生する2枚の葉を出すが（写真①）、この2枚の葉だけを生涯にわたり延々と伸ばし続ける。葉は厚く革質でブルーがかっており、長さは生きている部分だけで約4mに及ぶ。また成長に従って葉幅が広がるが、先端部は枯れ、また裂けて絡み合うため、のたうちまわる荒野のモンスターのような姿となる。他の植物がほとんど見られない乾燥地に生えるが、深く伸びた直根で地下水を、周辺に広がる根で霧がもたらす水分を吸収している。雌雄異株で雄花（写真②）は長さ1〜4cm、雌花（写真③）はおよそ8cmあり、どちらも蜜を分泌するので虫媒花であると考えられている。寿命は長く数百年におよび、最も大きな株は千年を超えているとされる。自生地はアンゴラ南部からナミビア中部で、海岸に沿った海霧が届く地域に限られている。雨は夏か春と秋に降るが、年間降水量は10ミリ前後とほぼ皆無に近い。しかし海霧によってもたらされる水分は50ミリ相当あるという。標高400m前後の涸れ川の近くに生え、地下水位の比較的高い場所に生えていると推察される。この異形の植物を手元で育てるのは不可能にも思えるが、栽培下でも独特の風格ある姿は再現できる。まず、本種には貯水能力がなく多肉植物とは言えないという指摘があるが、育ててみると、確かに奇想天外は乾燥にまったく耐えられない。このため成株を抜き上げて移送するのは不可能だ。根を乾かすと再生しないし、一対の葉は枯れたらそれで終わりだ。従って種子を蒔いて育てるが、発芽した苗は凄い速さで直根を伸ばす。おそらくは地下の常時水分があるところに速やかに根を到達させるためと想像される。それゆえかつては超深鉢で栽培されたが、実際は鉢底で根が巻いても問題ない。ただ根を乾かしたり傷つけると枯れてしまうので、一年中水を切らさず、かつ摂氏10度以下に下がらない環境で栽培する。植え替えは夏の暑い時期に、根鉢のままワンサイズ大きい鉢に植え替える。こうしたことが出来れば、年々風格を増し、一生の伴侶にふさわしい素晴らしい植物になる。写真の株は種子から20年あまり育てたもので既に開花している。

極限を生きる植物だけが放つ、エッジな魅力

世界にはおよそ32万種の植物があると考えられており、どこにでもある身近な雑草から発見者が採集した基準標本以外に知られていない種類まで千差万別である。生えている場所も海の中から標高5000mもの高山に至るまで、実に様々だ。ビザールプランツとか珍奇植物といった括りは、植物たちの類縁性とは無関係に人間が勝手に決めたものにすぎないが、一方でそう呼ばれる植物の多くが極端な環境を生き抜いていることは偶然ではない。植物の生存にとって不可欠な水・光・必須ミネラルといったものが極端に乏しいか、供給が不安定な環境に生きる植物は、著しい特殊化を遂げている。水が乏しければ葉を無くして茎に水を貯め、光が乏しければ明るい場所を求めて樹上に進出し、あるいは少ないエネルギーで済むように生涯ただ1枚の葉で生きるようになり、必須ミネラルの無い場所では虫を捕らえるようになった。進化の果てに奇妙奇天烈な姿になった植物は枚挙にいとまがない。花については本体の姿以上に多様である。この項では、さまざまな植物群から、極限の環境を生き抜くエッジな魅力にあふれる植物たちを紹介する

オペルクリカリア パキプス

Operculicarya pachypus

高さ1.2mほどの低木で、凹凸に富んだ厚い樹皮を持つボトル状の幹が特徴的である。マダガスカル南西部のごく一部に産する。自生地は年間降水量約330ミリ、12月から翌３月までの夏に大部分の雨が降る乾季と雨季のはっきりした地域で、標高10〜250mの石灰岩の崖や岩場に生える。羽状複葉の葉は長さ1〜４cm、枝はジグザグに伸びる。雌雄異株だが、黄緑色の花は２mm程度と小さい。雌株には直径3〜４mmの球形の果実が実る。過放牧と違法採集により個体数が減少し続けており絶滅危惧種とされている。ウルシ科(Anacardiaceae)。

ウンカリーナ ルースリアナ

Uncarina roeoesliana

レモンイエローの花がチャーミングな、ゴマ科Pedaliaceaeのコーデックス。マダガスカル島南西部に分布する。高さ２mに達する茎はまばらに枝分かれして、茎は根元が著しく太って壷型になる。腺毛に覆われて触ると湿った感触のある葉は長さ10〜20cm。直径５cmほどの花は黄色でキリかノウゼンカズラの花に似た形をしている。果実はこの仲間に特有の返しのついた鋭いトゲが密生しており、素手で扱うには危険なほどである。自生地は年間降水量約470ミリ、雨は大部分が11月から翌４月までの夏の間に降る乾季と雨季に分かれた地域である。耐寒性はないが丈夫な植物で、成長期の夏場は水も十分与える。

ディオスコレア・亀甲竜（アフリカ亀甲竜）

Dioscorea elephantipes

とろろでお馴染みのヤマイモ科(Dioscoreaceae)の植物。岩の塊のような根元の塊根はふつう直径30〜50cmで、大きな亀裂が入るため亀甲竜の名がついた。70年ほど生きるとされ、過去の記録には高さ2.1m、重さは推定365kgある巨大な個体の観察例がある。葉は幅の広いハート形で、長さ3〜５cm。茎は長く蔓になって伸び長さは最大３mほどになる。葉や茎は秋から春まで茂り、夏の休眠期には枯れる。雌雄異株で、雄花か雌花のどちらかしか咲かない。西ケープ州から東ケープ州に分布し、主に冬か、秋と春に雨の降る地域に生える。よく似た新大陸原産のメキシコ亀甲竜(*Dioscorea macrostachya*)は夏成長型。

センナ メリディオナリス
Senna meridionalis
(syn. Cassia meridionalis)

高さ50～350cmになる低木で、幹や古い枝は灰白色になり、ところどころコブ状に膨らむ。小枝はややジグザグに伸び、葉は偶数羽状複葉で長さ2～３cm、マメ科(Fabaceae)らしく夜には葉を閉じる就眠運動をおこなう。花は鮮明な黄色で直径１cm前後。マダガスカル島南西部に分布する。自生地は標高０～500mの石灰岩地の落葉樹林に生える。日本での栽培では夏に葉を出し、冬に落葉する。丈夫で枝はよく伸びるが幹はなかなか太りにくい。個体数の少ない稀産種で、ワシントン条約で付属書IIに指定されている。

プセウドボンバックス エリプティクム
Pseudobombax ellipticum

翡翠のような美しい塊茎で人気のパンヤ科(Bombacaceae)コーデックス。メキシコからニカラグア北西部に分布する。海岸近くから標高1800mまでの斜面に生える。落葉性の葉は小葉が手のひら状につき直径20～30cm、ハート形の葉は幼葉である。高さ10～18mに達する高木で、枝はややまばら。根元が太く見えるのは若木か個体が小さいうちで、通常の環境では大きく成長すると他の部分も大きくなりコーデックスプランツには見えなくなる。花は長さ10cmあまりある多数の雄しべが広がる刷毛のような形で、細長い花弁は後ろへ反っている。花の色は濃いローズピンクが基本だが、白花品も普及している。

キフォステンマ エレファントプス
Cyphostemma elephantopus

マダガスカル島南部原産の大きな塊根を生じるブドウ科(Vitaceae)植物で、種小名は「象の足」の意味。根元はボトル状または扁平なフラスコ状で、著しく膨らみ、幅60cm、高さ２mにも達し、多くの水を蓄える。表面は比較的なめらかで、形よく育つものが多い。葉は三出葉から羽状複葉で、長さは3～８cm。蔓は非常に長く伸びて６mか、時にそれ以上に達する。自生地では、地表に塊根部分が露出することもある。丸く大きな塊根はインパクトがある。寒さには弱く、冬は加温室で断水管理するのが安全。希少種であるため、ワシントン条約で付属書IIに指定されている。

インパチェンス ミラビリス
Impatiens mirabilis

ヒドノフィツム フォルミカルム（アリノスダマ）
Hydnophytum formicarum

アナカンプセロス クイナリア（アルストニー・靭錦）
Anacampseros quinaria (syn. Anacampseros alstonii, Avonia quinaria subsp. alstonii)

↖東南アジア原産のコーデックスで、ホウセンカの仲間(Blalsaminaceae)。根元がボトル状に大きく膨らむ茎は、まばらに枝分かれして、高さ90〜200cmとなる。低木だが枝は脆く折れやすい。長楕円形の葉はやや厚みがありツヤがある。乾燥など生育に不利な条件があると落葉するが、良い条件が続いていれば常緑である。2cmほどの花は長い花序の先に咲き、色は黄色・白・ピンクがあって個体群によって異なるようである。マレー半島中部に分布し、自生地は年間降水量約2300ミリ、乾季の12月から翌2月以外は月の降水量が120〜330ミリ強に達する熱帯多雨林で岩場等に生える。栽培は熱帯雨林の植物に準じ、夏場の直射日光を避ける。ただ密閉した多湿な環境では腐りやすい。

⬆アカネ科(Rubiaceae)の着生植物で、インドシナから東南アジア・パプワニューギニア・オセアニア北部に広く分布する。標高0〜600mまでの熱帯低地の樹木の幹や枝に着生し、革質の葉は長さ6〜10cm、対生してつく。茎は長さ30〜60cmであまり枝を出さない。根元は著しく膨らんで球形、あるいは扁平な不定形の塊状となり、下半分の木に着生している面から無数の根を出す。内部には非常に複雑な空洞が形成されるが、これはアリが掘るのではなく植物が自ら作り上げ、しかも出入り口までも作る凝りようである。植物はアリの排泄物や死体・ゴミなどを栄養源として利用し、アリは植物内部の空洞を住処とすることで共生している。栽培ではコルク板に着生させたり、鉢植えも可能で、育てやすい植物。

⬅塊根の上端はほぼ平らで、そこに銀色に輝くウロコ状の葉が覆う細い茎を、芝生のように密集させる。塊根の直径は2〜8cm程度で、自生地では地下に埋もれて茎の部分だけを出している。花はその先端に咲き、濃いローズピンクか白で直径3cm前後、午後の2〜3時間しか開かないので咲いている状態を見るのが難しい。ナミビア南端部から北ケープ州北西部に分布し、自生地は主に冬に雨が降る地域で、標高600〜1350mの石英の小石が多い平原に生える。栽培上は丈夫な植物だが、水が多いと塊根が肥満気味に膨張し葉茎も間延びして本来の美しさを失う。スベリヒユ科(Poutulacaceae)。

巻末特集

「珍奇植物の過去・現在・未来」

現在のサボテン・多肉ムーブメントをよく知る４人が集結。いずれも植物には並々ならぬ思い入れと一家言がある人物ばかり。
そんな４人が過去の園芸界や自分と植物とのなれそめに思いをはせつつ、現在の状況にもの申す！
果ては、園芸界の未来についても考えるこの座談会。果たしてどんなどんな話が飛び出したのか…？

藤原連太郎

新しい価値を提供する園芸用品と植物のショップTOKYの代表兼ディレクター。植物好きが講じて2014年に同店のネットショップを立ち上げ2016年には東京は東日本橋に実店舗をオープンする。作家物やメーカーセレクトの植木鉢、自社企画のオリジナルの園芸アイテムを多く販売する。
Web site : http://toky.jp
Instagram : https://www.instagram.com/rentarof

鷲原旅人

花屋の子供として生まれ、幼少の頃から植物と共に生きる。某観葉植物店で修行を詰み独立後は独自のアプローチで植物を栽培する。観葉植物、多肉植物の生産・卸・販売を行うスペシャリスト。年間は関東、沖縄、八丈島のハウスを渡り歩き様々な植物を作る。
Website : https://greenhouse.shopselect.net/
Instagram : https://www.instagram.com/washiharatabito

Shabomaniac!

幼少よりシャボテン・多肉植物を栽培してきた歴40年の園芸家。幅広く様々な科、属の植物を育て、栽培困難種の実生や、新種の輸入にも早くから取り組んできた第一人者。自生地を度々巡り、10年目を迎える同名のBlogには実体験に基づく栽培法と、自ら育成した美しい植物の写真が並ぶ。
Blog : http://shabomaniac.blog13.fc2.com/
Instagram : https://www.instagram.com/shabomaniac

河野忠賢

本業はサボテンの刺の進化を研究する研究者。I.S.I.J.（国際多肉協会の会報）にて記事の寄稿を担当。見て取れる栽培の熟練度と所有しているであろう膨大な植物の数々は見るものを圧巻する。写真の美しさや装丁デザインの素晴らしさなどにおいて同誌を底上げする重要人物。
Instagram : https://www.instagram.com/tadayoshi_kono

座談会開始!初対面の挨拶もそこそこに、いきなりディープなパキポトークに・・・

藤原（以下 F）：今回はこの本の座談会のために３人の方にお集まり頂きました。
Shabomaniac! さん、
40年を超える栽培歴があり、サボテン、多肉植物について幅広くブログで発信しているShabomaniac! さん。
河野さん、
植物研究者として、大学でサボテン科の刺の発生進化を研究されている河野さんは、生粋の植物好きとして多肉にまみれて暮らしています。国際多肉植物協会の会報で連載を持ち、美しい写真と文章で多肉の魅力を毎月発信しています。
鷲原さん、
花屋の息子として生まれ、現在は独立して観葉植物、サボテン、多肉植物の生産、おろし、販売を行う鷲原さん。
のお三方。
そして私、鉢を中心とした園芸用品と植物のショップTOKYの藤原が進行をさせていただきます。４人でいろいろな植物の話をして行ければと思います。
皆さん、今回が初めての顔合わせだと伺っていますが、お互いに存在はそれぞれ知ってましたよね。

Shabomaniac!（以下 S）：皆さんお名前は知ってましたよ。鷲原さんはインスタでも結構尖ったこと言ってて、どんな人なんだろうなといろいろ妄想してました（笑）。河野さんは、ISIJの会報を毎月楽しみにしていて、一度じっくりお話ししたいと思っていました。

河野（以下 K）：光栄です。今日はよろしくお願いします。
そういえば鷲原さん。Shabomanic! さんから聞いたんですが"白花"の恵比寿笑いをお持ちだとか。

鷲原（以下W）：何度かインスタに上げたんですが、白い花のブレビカウレです。いわゆる白花恵比寿笑い（パキポディウム レウコキサンツム）[※1]とは異なるタイプの個体です。

S：レウコは「白花恵比寿笑い」と呼ばれていますが、分布も「恵比寿笑い（ブレビカウレ）[※2]」とは異なるし、植物本体の姿もかな

※1
パキポディウム レウコキサンツム
Pachypodium brevicaule ssp. leucoxanthum
2008年に記載。白花恵比寿笑いの名前で、注目を集めた。現在は、産地が保護されており新たな原産地球の導入は望めない。

※2
P.ブレビカウレ（恵比寿笑い）
Pachypodium brevicaule
巨大なショウガのような扁平なコーデックスから葉と花を生じる。古くから栽培されているクラシックな珍奇植物。

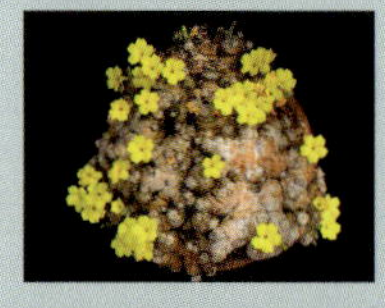

り違います。鷲原さんの白花は、レウコじゃなくブレビのコロニーで花変わりとして発生したのでしょう。かなり重要な遺伝子資源ですよね。

K：レウコは実際に育ててみると、ブレビというよりもむしろエブレネウムに近い植物のよう。ブレビは小輪ですが、レウコはエブレと同じ様に大輪。花色は純白からクリーム色まであって、花茎の長さは長短さまざまです。なのでエブレの中で、体高が低めでいかにもブレビらしい草姿のコロニー、という感じの植物ですね。

S：あと肌が白いですよね。

K：そう、白い。あれはかなり綺麗なものです。それで、恵比寿笑いはというと、小輪で花茎がほとんどなく、茎から直接花が咲くような姿のものが普通です。ただ、最近入っているものを見ると、花茎の長いものもありますね。なので、昔からの花茎のごく短いものを「伝統型」と呼んで自分では区別しています。

W：花茎が長くて、ロスラ※3みたいな小輪の花が咲く恵比寿笑いも持ってますけど、これはどの種なんだろうかと思いますね。

S：そういうの、原産地でどんな風になっているのか気になってくるよねえ。

K：実生をすると分かりますが、レウコは1年目でも目を見張るような成長をします。まさにエブレネウムのそれです。

一方で伝統型のようなブレビカウレは、小さいです。それに、レウコは果実（鞘）も大きくて、やはりブレビというよりもエブレだなという感じがしますね。

S：確かに。でもレウコの種をとると、種子そのものもエブレネウムより少し小さい。でもブレビカウレよりはやっぱり大きいんですよね。それと、レウコは、セルフで採った同じ鞘の種子を蒔いても、花茎の長さがけっこうバラけました。まだ固定していない植物という印象です。

S：最近パキポディウムを育てている人は増えていますが、ここまでマニアックな話をする人は多くない。こういう話で盛り上がれるメンツなのがいいですねえ。

F：この濃いメンツでパキポトークすると思いませんでしたけど、スタートとしては取っつきのいい話題から始まりましたね（笑）。

今ひとつだった「パキポディウム・エニグマチカム」のデビュー戦

W：たくさん仕入れる山木の中でも、今の白い花のブレビカウレみたいに、特徴のあるものは売らないで置いておくことがあります。葉の形が変わってるものや、花色の違いや、大きさ、花姿のよいものなど。親木として、育種に大事ですから。

S：花が大きいと言えばエニグマチカム※4ですけど、この前某オークションサイトにその名前で出てる株がありましたね。

K：みました。狐につままれたようでした（笑）。原産地球※5の"エニグマチカム"。

W：それ、どうしても気になって、見に行ってきました。

K：葉にツヤはありましたか？

W：花は未見ですが、葉は記載にある様にツヤがありました。あれがエニグマかどうかの確証は持てないんですが、もしそうだったらラッキーですよね。でも、コーデックスの外見だけでは、普通のデンシフローラムとの区別は難しいです。

K：花が咲かないことには、本当にエニグマかどうかは分からないですね。

エニグマチカムは、友人であるチェコのペトラ・パベルカという人が発見して新種記載したものです。彼はエニグマの自生地を守りたいからどこに生えてたかは誰にも言わない。一般に販売流通しているのはペトラが接ぎ木したものだけで、元の出所は彼一人なんです。

F：じゃあ、エニグマチカムの原産地球なんてかなりレアなんですね。

K：原産地球かどうか以前に、接いでない正木のエニグマチカムという時点でもかなり希少なものです。接ぎ木しかないですから。

S：そんなものがさらっとオークションサイトに出ちゃうというのが驚きですよね。しかも、他の種類と大して値段も変わらないで。

W：エニグマくらいの大物が出たというのも驚きですけど、誰も騒がないというのも驚きですよね。これだけパキポディウムが人気があるのに、全然話題にならない（笑）。

F：エニグマの国内デビュー戦としては、今ひとつパッとしない感じですね。逆にそ

※3
P.ロスラツム・グラキリウス
Pachypodium rosulatum var. gracilius
昨今のコーデックスブームを牽引するマダガスカル原産の植物。ツボ型にふくらむ幹のフォルムが人気を集めている。

※4
P.エニグマチカム
Pachypodium enigmaticum
2014年に記載されたマダガスカル産パキポディウム。直径6cmを超える大きな黄花を咲かせる。画期的な新種として、業界を驚かせた。

※5
原産地球
サボテン・多肉の園芸では、原産地（自生地）から掘り取って国内に持ち込まれた植物をこう呼ぶ。山木、ワイルドとも。

んな貴重な植物が詳しい説明もなしに売られていると、知らない人はなんだかわからない。

S：グラキリスみたいに、幹がまん丸で枝葉が出ててっていう決まった形も無いし、パッと見てなんの種類かわかりにくいというのはあるでしょうね。

W：いま、グラキリスを買う人で、「ネットに出てる画像みたいな、こういう形の奴が欲しい」という人は多いです。でも、実際にはいろいろなフォルムがあります。グラキリスの決まった形のものにしか目が行かない人、グラキリスしか見てない人は、エニグマには反応できないんだと思います。

S：でも、それはそれで幸せな状況なのかもね。エニグマみたいな希少なものを、多くの人が欲しがっちゃうと、それこそ本当に現地からなくなっちゃうかもしれないですからね。

F：多肉を取り巻く今の状況だと、こういうことは起きがちですね。

植物の価値ってなんだろう

F：植物の欲しがり方というのも、なんだか変わって来ちゃってますよね。有名なコレクターが持ってるから、自分も欲しい、みたいな動機で植物をほしがる人が結構増えてきてる気がします。

W：「ネットに載せてたこの画像の株が欲しい」なんて注文はよくありますよ。あとは詳しくない方に多いのは、CITES※6 I類だから買っておこう、とかね。

S：海外、とくに欧米の愛好家の間には、山木を持っていても大っぴらにはしない傾向がありますね。だからそれを見せびらかすような人は多くない。ある有名愛好家の温室を訪ねて、1本凄い山木を見つけたんですが、本人は『いや、これは工事で堀りあげられた苗で･･･』としきりにエクスキューズしてました（笑）。

W：書類上は、II類のパキポディウムやアロエ、ユーフォルビアなどは栽培品なら、所定の手続きを踏めば持ち込めることになってるんですが、I類などの場合山木をいったんナーセリーに入れて、栽培品という体にしてから持ち込んでいるような例もあります。

K：パキポディウム ウィンゾリーやアンボンゲンセみたいなCITES I類の植物は、原産国からは普通には輸出できない。もし、鷲原さんが言うみたいに栽培品として原産地球を処理して、書類上問題ないよう「正規品」にしたとして、そういう人には「山採りと栽培品の区別もつかないの？」って思いますね。分かっていないはずはないんです。むしろ、そういう風に正規の手続きを踏んで輸入された植物であっても、そもそもが山採りであれば自分は扱わないという人がいれば、筋が通っているし、見事な態度ですね。拍手したい。でも、実際そんなことはどうでもよくて、結局はその人に植物や自然に対するリスペクトがあるかどうかの問題だと思います。

S：いま我々があたりまえに接している種類や、園芸種と呼ばれているような植物も、元を辿ればすべて野生の植物だったわけです。だから原点であるワイルドな山木に対する憧れというのはあって当然。でも、野生の植物へのリスペクトがあれば、その自生地を大事にしたいという気持ちも自然とわいてきます。

K：山木にはいつも心を動かされてきましたよね。それを単にプロダクトとして扱うのか、リスペクトを持って接するのか。リスペクト、大事な言葉ですね。

W：ワイルド株であると言うことの意味というか価値が、ちょっとずれて来ちゃってるところはありますね。

S：良くも悪くも注目を集めると、規制がどんどん厳しくなって、種から育成したものも容易に扱えなくなるみたいな事態もあり得る話です。ほかの植物や生物のジャンルでは、実際にそうしたことも起こっていますしね。そしていつか、ぼくらが自生地を訪れたときにその植物はもうそこにはない、なんてことにだけはなってほしくないと思いますね。

植物研究者、河野さんと植物との出会い

F：河野さんの多肉との出会いはどんな風だったのでしょうか。

K：初めて接した多肉植物は、ハオルチアの十二の巻でしたね。ごく普通の。家の隅に、枯れかけた十二の巻があって、それを

※6
CITES（サイテス）
ワシントン条約。絶滅の恐れがある野生動植物を保護するため、過度の国際商取引を制限する条約。珍奇植物にも該当する種は多い。英文頭文字からCITESとも呼ばれる。

見てたら、父が「それ切ったら増えるぞ。」って言うんです。上を挿せばいいっていうのは、まあ生きてる部分があるし、挿せば大丈夫かなと思ったんですが、下の方なんてからっからに枯れてしまって枯葉しかなくて茶色で、どう見ても死んでるというか無理だろうと。それでも切って、しばらくしたら、その下の方からホントみずみずしい芽がチョロチョロっと出てきたんですよ！

S：それは感動があるよね。何歳くらいの話？

K：小学校5年のときでした。もともと生き物が好きで、三葉虫が特に好きだったんですけど、日本だと三葉虫のいい化石って出ないんですよ。植物の「栽培したい」というのと同じで、化石の場合は「掘りたい」ってのがあるんです。

S：化石は自分で掘りたくなりますよね。

K：そう、自分で掘って自分で細かいとこクリーニングしたり。そんなこともあって化石趣味に行き詰まってたときに、植物に出会ってしまったわけです。近場では、よく森本さん(芳明園)のとこに遊びに行ったりしてましたね。買う物は無くても、休憩室みたいな場所があって、お客さんが入れ替わり立ち替わり来てはいろんな話をするんですよね。土曜日には必ず来て座ってるみたいな人もいたりして（笑)。昔話や、腕利き達の植物の育て方なんか、いろんな話を聞かせてもらいました。

W：芳明園※7のハウスは、国内のサボテン・多肉ハウスではかなり古い方ですよね。だから、行くと「こんなのがまだあるんだ！」という出会いがあって楽しい。

K：ジャングル、とよく言われますよね笑

W：日本は導入はどんどんするけど、売って終わりになっちゃってるんで、残ってないものが多いけど、芳明園は昔の面白いものが残ってたりするんですよ。最近はそういう風に、種や品種を残すような業者が少なくなっちゃいましたね。

K：ロストワールド…。

S：古いものが残ってるという話で言えば、最近は殊に古木のサボテンや多肉というのが注目されますね。枯れ葉とか木質化とか。

F：そういう価値観は、今は全盛ですよね。アガベなんかそうですけど。

K：べつに今始まったことではないし、どの業界でもありがちだけど、ただのボロと"味"を混同しがちじゃないかな。生きている葉っぱは数枚、水気も失って息も絶え絶えの植物なんかをみてるとかわいそうに思ったりすることはある。ほとんど枯れかけているの見て、それがいいって。あまりに植物をブツとして見過ぎじゃない？って感じるところはありますけどね。

F：ただ、好きでやってるんだから、そういうのを批判しないでくれと言われたことはあります。

W：（笑)。

チタノタは「ナンバー1」？
アガベ今昔物語

F：そういえば、アガベの話が出たのでお聞きしたいんですが、アガベ・チタノタって元々はなかったものなんですか？

S：無かったというか、日本に入ってきた時点では、チタノタと呼ばれていませんでした。

W：sp. ナンバーワンですね。

K：記載されて名前がつくまえに、流通するっていうことは植物ではよくあることです。70年代に東京農業大学にsp.（未記載種）として入って、そこに出入りしていた小林浩さん（現・国際多肉協会会長）が一番いい株だからナンバーワンとつけた、と聞いてます。だけど、四国の趣味家が自分で輸入した株に順番にナンバーを振ってて、No.1だったものが流通したという説もあったりして。実際良く分からないですね。

S：アガベでいうとぼくは昔からアガベ・ユタエンシス※8の仲間が好きで、いろいろな産地のものを育てています。青磁炉の和名があるネヴァデンシス、アリゾナ産のカイバブエンシス、そして象牙色の刺で人気があるエボリスピナ。最近、海外から「エボリスピナ」の名前でいっぱい入ってきていますが、刺が真っ黒のものも多くて、これはネバデンシスの産地から来てるのかなというものもある。

W：若いころにエボリスピナの「陽炎※9（かげろう）」が入ってきて初めて見たときに、かっこいい植物だと思いました。けど、ユタエンシス系は栽培が難しいという人もいますね。

※7
芳明園
大阪にある、多肉植物専門店。園主の森本精さんは、日本の山野草など、植物全般に造詣が深い。

※8
アガベ・ユタエンシス
Agave uthaensis
アメリカ合衆国南西部原産のアガベ。黒刺の青磁炉(ユタエンシス)、象牙色刺のエボリスピナなどがある。

※9
エボリスピナ'陽炎'
Agave uthaensis var. eborispina'Kagero'
ユタエンシス系の種で、葉先の刺がクネクネとゆらぎ、うねるタイプの個体に、気象現象に因んでつけられた愛称。

K：私はうまくできないです（笑）

S：エボリスピナで失敗するのはだいたい、夏に水をやり過ぎたとき。もともと、夏は成長が鈍るので、多少下葉が枯れるのは仕方ない。あせって水をやり過ぎないほうがいい。

F：夏涼しめのところで管理すると調子いいですね。

W：夏の水さえちゃんとしてれば、夏の暑さも、東京の冬も大丈夫ですよ。

S：高山に生えてるから高山植物として扱いましょうなんて言う人がいるけど、自生地では真夏は気温も40度を超えるし、触ると火傷するような熱い岩に生えています。暑さそのものは平気なんです。

W：高温で蒸れた環境に置いちゃうとダメですね。高温多湿がダメなんです。

植物と向き合うことで自由になれる、人と植物の素敵な関係

F：ぼくは元々Web制作ビジネスをやっている中で植物に出会って、生きている宝石のような美しさに魅了されたのがきっかけでした。カッコいいし、ちょっと変わってるし、そういうものに囲まれて暮らしたいなという思いがまずありました。いろいろ調べながら育ててると、「ああ、うまく行かなかったのはそういうことか」という気づきもあるし、学びが常にあるのも面白い。

S：植物を魅力的な姿に育てるためには、その植物がどうやって生きているのかを理解したり感覚的につかまないと難しいところがありますよね。でも、そういうことを考えている時って、人から尊敬されたいとか、女の子にモテたいとか、そういう世俗的な雑念からどんどん解放されていく感じがするんです。植物に向き合ってると、とても自由になれる。温室にいるときは、誰でもない自分になれる気がする。自分がどんな仕事をしているとか、どんな服を着ているかとかは、こいつ（植物）にとって何の価値もない。自分を全く評価しないものに対して一方的に思いを寄せていくというのが楽しい。

F：犬やネコだったら、どこかが痛いとかお腹がすいたとかをこちらに知らせてくれるけど、植物はこちらからわかろうとしないと何もわからないですもんね。

S：例えば、チリの海岸砂漠に生えているカクタス、コピアポア※10は沖合の寒流が原因で生じる霧からも水分を得ていると言われています。

W：自生地は、霧は発生しても、雨は降らない。年間降水量はほとんど無いんですよね。

S：そういうところで生きるってどんなことなんだろう、植物の立場になって感じてみたくて、アタカマ砂漠でコピアポアの根元で寝袋に入って一緒に寝たいなんてことをずっと考えてました。夜露が降りたら俺もじっとり濡れるのかな、なんて想像して。

F：そんなShabomanic!さんは、どんなきっかけで植物と出会ったんですか？

S：子どものころにお爺ちゃんにメセン類の帝玉を買ってもらったのが最初かな。普及種なんだけど、育てるのは案外難しいんです。でも、「もらったからには育てなきゃ」っていう責任感もあって、本屋さんでサボテンと多肉植物の本を買って勉強しました。で、そういう本を読むと、ほかにもいろんな面白い植物があるんだって気づくわけですよ。

F：知ってしまったんですね（笑）。

S：いろいろ知りたいけど、当時はインターネットなんか無い。だから、国会図書館に行ってアメリカのカクタス＆サキュレントジャーナル※11をコピーしたり。

F：それだけサボテンや多肉をやり込んでる人って、むさ苦しいオジサンが多いイメージだったんですよ。でも最初にShabomanic!さんに会った時、とてもスタイリッシュな人だったので驚きました、俳優さんかと（笑）。

S：サボテンや多肉に打ち込む一方で、学生時代はリア充を気取りたい自分もいるわけですよ。大学生の頃、女の子を家に連れてくると、「何この温室〜」とか言われちゃうわけ。そういう時は「うちの親父変わっててさ〜」なんて言って父親のせいにしたり（笑）。

F：年頃だったんですね（笑）。

W：分かります。植物だらけの部屋に女の子が来て、「何この部屋〜」って言われたことがあるんで、身につまされるものがありますね（笑）。

F：Shabomanic!さんのお話の中でよく出てくるメサガーデン※12のスティーブン・ブ

※10
コピアポア
Copiapoa
降水量が極端に少ない、南米チリ・アタカマ砂漠に分布するサボテンの仲間。過酷な環境に適応した風格ある姿が人気を呼んでいる。

※11
カクタス＆サキュレントジャーナル
米国のサボテン・多肉植物愛好家団体CSSAが発行する専門誌。1929年から90年にわたり発行されている。

※12
メサガーデン
アメリカ・ニューメキシコ州で営業するサボテン・多肉植物の種子販売業者。膨大な種をリストアップしている。最近、園主が交代した。

※13
ユーフォルビア・ツルビニフォルミス
Euphorbia turbiniformis
ソマリア産のユーホルビア。ホルウッディーなどとならんで愛好家垂涎の種である。原産地は、政情不安のため探索が難しく、正木の株は、まず流通することはない。

※14
ユーフォルビア・アブデルクリ
Euphorbia abdelkuri
ソコトラ島の西方に浮く、アブデルクリ島に産する種。かつて最も奇妙で最も高価なユーホルビアとして知られていた。

※15
オペルクリカリア・パキプス
Operculicarya pachypus
マダガスカル原産の灌木。ゴツゴツした幹が太り鑑賞価値が高く人気がある。自生地では大量の野生個体が乱獲されている。

ラック氏とは、どういった経緯で知り合ったんですか？

S：90年代の初めごろ、ペディオカクタスやスクレロカクタスの種をまき始めて、その頃にメールでやりとりをし始めたのが最初かな？ 彼は元々天文学やってたインテリだから、ネット対応も早かった。いろいろやりとりしてる中で、「お前、うまく育てたければちゃんと自生地を見なきゃダメだよ」って言われてアメリカに行って初めて会った。そのときは彼女連れて行ったのに、これから1週間風呂入らないからって言われて自生地ツアーのスタート。彼のトラックにくっついてアメリカ西部の砂漠地帯を巡りました。夜は基本、原野でのキャンプでしたね。

F：メサガーデンの農場はどんな感じなんですか？

S：200坪くらいのハウスが5本くらい。それだけ広くても水やりはすべて自分でやるという几帳面な人でした。そして彼のビジネスは種子の販売です。沢山ある標本株は種子をとる親木なんです。ひとつひとつ絵筆で授粉して採種する。とった微細な種は、10粒とか数えて袋詰めして、膨大な種類をリストアップする。好きじゃないととても出来ないですが、彼のおかげで、サボテン・多肉の趣味の世界は大きく拡がったんじゃないかな。

いま欲しい植物、育てたい植物・・・それぞれの楽しみ方

F：Shabomaniac! さん、どうですか。

S：色々あって選ぶのは難しいけど、例えばユーフォルビア・ツルビニフォルミス※13なんかは接ぎ木で維持されている植物だけど、接ぎ下しでも良いから自根にして自生地みたいな姿で育ててみたいですね。何度かカットして試したことがあるんだけど、しばらくして消耗して消えちゃったな。

W：導入されてから長いからクローンが劣化してるのか、接ぎ下ろしてもなかなかうまくつかないんですよね。

K：でも海外の趣味家を訪ねたとき、すごい人がいて。その人はピスキデルミスなんかも実生から育てたりしている。その人が、ツルビニの接ぎ下しをしていて、見せてもらったけど、見事でまさしく正木の原産地球そのものだった。あれは感動したな。

W：それで言うと、ぼくはアブデルクリ※14なんかにもやはり憧れがありますね。実生してみたいって思う。

K：アブデルクリの実生をしている人も知っています。彼は、セルフで採種していました。あれはどうやら自家受粉できるみたいなんです。かなり大きな枝振りにならないと咲かないんですけどね。実生っていうけど、アブデルクリの場合、日本だと開花を見たことのある人も、ほとんどいないんじゃないかな。

F：河野さんはどうですか。

K：私は結局、作りがいがある植物、作り込める植物が好きです。それでいうと、オペルクリカリア※15のような植物は全然楽しくない。何年育てたって、少しも大きくならない。

S：たしかに輸入球は何年育てても置物みたいに姿が変わらない。実生もしていますが、こちらは10年で親指の太さですが、育てた愛着がある。立派な山木と交換するといわれても断ります。

K：例えば塊根でも、ケファロペンタンドラ・エキローサなんかじつはすごく面白い。テクスチャーも変わっているし、一夏でぐぐっと大きくなっていく。育てている実感がある。北方系はスレンダーな山型で、ケニヤとか南方系は低くて丸くなる。そういう産地ごとの違いだったり、そういうのが実生でも維持されるのかとか、興味もありますね。

S：あれは面白いですね。肌がでこぼこでところどころ白くなったりして。これも実生したことがありますが。ぐんぐん育ちました。

K：そういうものでないと。正直パキプスなんかは、最初にいかに形の良いのを買うかにかかってる。だから、そういう類いの植物は、もっと、もっと、ってなる。もっと大きなもの、もっと立派なもの。いまはパキポとかもそんな感じですよね。だけど、いくらスゴイのを手に入れても、現地行けばもっとすごいものはある。それなら、現地に行けばいい、と思ってしまう。それよりも自分でないと作れない姿につくりこんだり、自分が作ってきたヒストリーを感じられるものがいい。

S：それはすごくよく分かる。グラキリスなんか実生で育てると、原産地球と違いないようなものができる。15年とかで。素敵なことですよね。私は、植物を種から育てることが多いんですが、そうすると、ちっちゃな株でも、普及種でも、すごく大事な一鉢になるわけです。手に入らない植物の種子を手に入れるまでの過程だったり、育て方を工夫しながら、どんな手入れをしてきたかっていう、付き合ってきた時間だけのストーリーがある。
K：うん、それにパキポは、内地球でも本当に美しいものができる。現地の姿はいつもお手本にしてるけど、一方で、どこかそれを越えるものを作りたい。野生では作れない株を園芸として作るのがなによりの楽しみです。
W：日本人は売るのは上手だけど、作るのは苦手。買う方も、売る側に踊らされてますよね。だから、パキポには色々あるのに、グラキリスとウィンゾリーしか知らない人もいる。本音は、そういうものをきっかけにほかにもいろんなものに触れていって欲しいですけどね。
K：今は、どんな立派なものも、相当に珍しいものでも、お金を出したら買えてしまう。だけど、モノは買えても、経験までは買えない。
F：どれだけお金がある人でも、買えないものがあるんですね。

これからの園芸業界の在り方とは。植物界の未来を語る

S：むかしは、サボテン屋さんというと、自分で育てて売ってる業者さんも結構ありました。
W：新興のところは、集めて売るのが中心のディーラーがほとんどですね。
K：いつだって業者には期待してるんだけど。業界をもっと面白くして欲しい。リトープスの島田典彦さんみたいな人がもっと増えて欲しいな。趣味家に負けてちゃダメだよね。
W：ええ。ぼくは、ガステリアの育種なんてのもやってますよ。育種はほかの誰かにまかせてもいいのかもしれないけど、本当に自分の欲しいものは、自分で作るしかない。理想を追い求めるなら自分で作った方が結局早いですよね。
F：そう言えばガステリアがブームになったことってあるんですか？
K：ないんですよね！ガステリア、素晴らしいんだけど。オプンチアと同じく、いまだ大きな波は来ないね。
S：ハオルチアと似てるようにも見えるんだけど、楽しみ方が違うんだよね。ハオルチアはルールがはっきりしていて、記号化できる。白条が濃くてハッキリしてれば良いとか。
W：そこが共有しやすいんですよね。分かりやすい。でもガステリアはちょっと違う。
K：日本の臥牛の育種って間違いなく世界一。コレクションも国内にすごいのがあってカルチャーとしてもかなり特殊なものがありますね。海外にはあんなものはない。日本の誇りですね。
W：ぼくは黒春鶯囀に錦をいれたくて。流通してる黒鶯囀錦は、まだいかにも鶯囀錦との交配初代って感じで、納得いかない。なので、黒春鶯囀をさらにかけ戻して選抜を続けようと思っています。
K：あの黒肌に斑がのったらさぞ綺麗でしょうね！

未来が楽しみになる・・・もっと実生をしよう。

S：植物を種から育てると言っても、まず種を手に入れるのが一苦労。それを蒔いてもうまく行かないから誰かから育て方を聞いたり、今度はこうやってみるかなんて自分で試しながら。結果、10年20年と育てたものは、お金には換えられない価値があります。
K：20年かけて育てたものは、20万で売っても割に合わないですよね。
S：だから業者さんとは違って、アマチュアにしか出来ない深い楽しみ方もある。今年蒔いて、10年後には初開花、20年後には鉢上げして、30年後には完璧な標本に…とかイメージをもって実生しています。でも、そんな遠い将来のことを具体的に思い描いて楽しみにする道楽って、他にあまりない。種を蒔けば、未来が待ち遠しくなりますよ。
F：河野さんはなにか実生はしてますか。
K：最初の話で言うと、パキポの実生はし

ています。ブレビとレウコをかけて、まるで恵比寿笑いだけど花は白っていうのを作りたい。花はレウコの大輪のままでも、伝統型みたいに小輪でも良いけど、大事なのは白花で花茎がないってこと。レウコの'不二'って呼んでる親木があって、富士山に降る雪みたいに純白の花で、体も真っ白。それでもって、花茎がほとんどない。理想的な白花恵比寿。こんな親木は二つとないから'不二'ってつけた。これと、いわゆる伝統型をかけて、育種して行こうと思っています。今はまだF1ができたところだけど、今年の春には処女花を見れるんじゃないかな。まずF1は何色の花が咲くのかな、楽しみですね。

S：河野さんはまだ若いんだから、どんどん種まかないとね。

K：そうですね笑　がんばります。

座談会も終盤へ。究極の植物とは。
最後の話題は夢の植物「黄金の帽子」

F：そういえば皆さん、"究極の植物"をあげるとしたら、どうなんでしょう。

S：究極の植物？ それは難しい質問だな（笑）鷲原さんはどうですか。

W：ぼくはプセウドボンバックス エリプティクムですかねえ。初めて会った時から衝撃で、どうやって生育をすればこんな姿に成るのだろうと思ってて。

主の成長点がなくなって、生きてる岩ようなやつを現地で見つけて掘りたい。平地に生えれば樹高20～30mくらいになるただの雑木なんですけど、乾燥の激しい山や岩場に生えると個性的に形状が面白くなるんですよね。

なので栽培しても作り込むとかなり姿も異なるのも面白い。国内でも結実事例がやっと出来たので、国内産の岩の塊みたいな株が目標です。（笑）

裸の休眠期と新芽の膨らむ感じ、生育期の葉の大きさ、秋の紅葉。どれをとっても虜っすね。

F：河野さんはどうでしょう？

K：光堂とかケラリア ナマクエンシスとか…、いろいろあるけど。自分にとっての究極の多肉植物はオベサかな。オベサに関しては譲れないものがある。ユーホルビアって本当に多種多様だけど、余計なものをひとつひとつそいでいくとオベサに至る。オベサはユーホの世界の兜みたいなものだと思う。ああいうシンプルなものこそ深淵だな笑 一生かけても良いから育種したい。

F：オベサは引き算のデザインが美しいですよねぇ。

W：ぼくは別の角度から見て瑠璃晃（ユーフォルビア・スザンナエ）を入れるとどうなるかにすごく興味があります。瑠璃晃は雑だけど血がすごく濃いので、それを使ってどういう交配ができるか。そんなことを考え始めると瑠璃晃も究極の植物かも。

K：ひとつ夢というか、なんとしても咲かせたいと思ってるサボテンがあるんです。バッケベルギア・ミリタリス※16です。

（一同おぉ～～と感嘆する）。

S：もしかして…種子が手に入ったんですか？バッケは、見た目ただの柱サボテンなんだけど、花座がつくとすごい。花座が、金色の刺に覆われるので「黄金の帽子」なんて和名がついてて。昔は山木の花座付きの切り枝が数度だけかな、輸入で入ってきてたけど、だれも維持できなかったんだな。全く見なくなりました。

K：そのとおりです。6mぐらいにならないと花座できないみたいなんだけど笑　海外の友人になんとバッケを育ててる人がいて、枝を挿したのを分けてもらえることになったんです。

S：元気な個体は花座の色もきれいだけど、弱ってくると黒くなっちゃうんですよね。

K：そう、花座からまた普通の茎がでちゃったり。

S：ぼくもバッケベルギアの種子は随分探したけど、結局見つかりませんでした。それにもし、今種子をみつけて蒔いても開花する頃には100歳近くになってるなぁ（笑）。次代を担う河野さんには、育てて、咲かせて、種子をとって増やして、この植物の魅力を多くの人に伝えて貰いたいです。

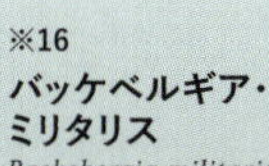

※16
バッケベルギア・ミリタリス
Backebergia militaris
メキシコ南部に自生する柱サボテンの一種。かつて日本にも、数度だけ導入された。押しも押されもせぬ幻のサボテンである。

Andrea Cattabriga

紫禁城の島

フェロカクタスで最も巨大になるサボテン・紫禁城(*Ferocactus diguetii*)。空色がかった肌に黄金色の刺が映える、美しくて有名な植物ですが、かつてはまず手に入らない稀種でした。はじめて見たのは、小学生のときに手にした通販園のガリ版刷りのリスト。「黄金の刺烈々たる偉丈夫の如き美々大球、古今に希な入荷」などと大仰な売り文句と、ぼやけた白黒写真が想像力を膨らませてくれました。そして、さらに僕の心を射抜いたのは、このサボテンが、遙かな絶海の孤島にしか生えていないという事実。もし、どれかひとつサボテンに会いに自生地を訪れるなら、これだ、と小学生時代から誓っていたのです。

時は流れ、二十代前半の頃。メキシコ・バハカリフォルニアのラパスから、ポンコツのレンタカーでサルヘントという港町へ。連れて行ったガールフレンドには、世界一素敵なビーチリゾートに行くよ、とだけ話していました。武倫柱(*pachycereus pringlei*)が立ちならぶ未舗装の道を砂埃をあげて走り、彼女の顔が不安に曇りだした頃、到着したのは町や村と言うより集落と呼んだ方が良いような所で、砂浜に船外機つきボートが並べてあります。座ってタバコをふかしている漁師の兄さんに十ドル紙幣を二枚渡して、このために練習してきたスペイン語で交渉しました。「あの島まで連れてってくれ」。

目指すセラルボ島は、カリフォルニア湾に浮かぶ無人島です。陸から見える距離ですが、小さなボートで30分くらいかかった。寒流が流れ込む海の、深い深い青の向こうに、柱サボテンが針山のように並び立つ島が近づいて来て、さらに接近すると、柱サボテンのなかに際立って太いものがあります。それこそが、憧れの紫禁城でした。漁師の青年は、僕と彼女を砂浜に降ろすと、「後でまた来る」と海に消えていきました。ほんとに戻ってくるのか?という心配すら後回しにして、早速斜面をよじ登ってゆく。近くで見る紫禁城は、圧倒されそうな量感があります。高さ2m以上ある巨大株は、下の方が重さでたわんで段がついています。この巨大なサボテンはいったい何年生きてきたのか。黄金の刺が青一色の空と海を背景に輝くさまに、「偉大な」という言葉がふさわしい植物だと、心底感じ入ったのを憶えています。汗びっしょりになるまで写真を撮り歩いて、あとは目の前の誰もいない海に二人で飛び込みました。

こうして記憶を辿りながら書くとついこの間のことのようですが、もう20年以上も昔の話。どういう訳か、植物の写真以外は残っていない。ラパスの町の喧噪や、愛想の良い漁師の兄さんに撮って貰った記念写真・・・・彼女はどうしていることか。今も私のそばに数本の紫禁城があります。このときのタネから育てた苗ですが、まだまだ小さい。成長はごくゆっくりで、巨人のようなあの姿になるには気が遠くなるほどの歳月が経っているんでしょう。我らの人生たかが数十年など、夢の間に過ぎないのかもしれません。

紫禁城(*Ferocactus diguetii*)。球形サボテン最大種のひとつ。紺碧のカリフォルニア湾に浮かぶ無人島(Isla Cerralvo)にて。

written by Shabomaniac!

経験に裏打ちされた
こだわり満載

達人たちの栽培場拝見

栽培の成否を分ける大きな要素となる栽培環境。長年にわたり栽培難易度の高い植物を育ててきた達人たちは、どのような栽培環境を作っているのか。栽培の秘訣の一端に迫る。

一見温室に見えないところにずば抜けたセンスを感じる。
訪れたのは真冬だったが温室内はストーブが焚かれ温かい空間。植物たちのコンディションも素晴らしかった。

住居とともに設計、施工された温室だけに、暮らしの空間と連続性のあるインテリア。それでいてがちの栽培環境になっている秀逸な温室。

サボテン、ユーフォルビア、ガガイモなども特に青磁色の植物が好みのようで色味に統一感があることも含め岡野さんの独自のセンスを感じる。地元の益子で腕を振るう伊藤丈浩さん作の鉢もちらほら。

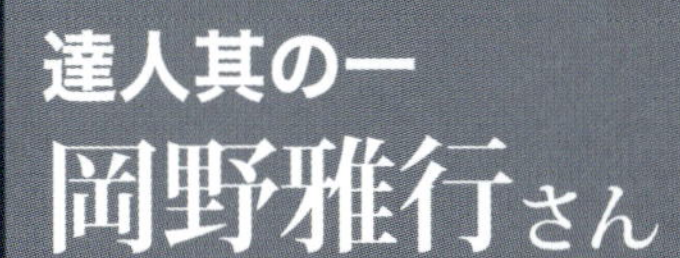

達人其の一 岡野雅行さん

こだわりの建築と融合した質感溢れる温室

栃木県で自宅件美容室を営む岡野雅行さん。幼少の頃より集めてきたアンティークやビンテージの家具、照明、什器などを用いて作られたこだわりの注文住宅に一体化するように併設された雰囲気溢れる木製の温室。そこに鎮座する植物たちは岡野さんのこだわりが溢れている。

温室内の植物は、いわゆるマニアックな品種が多く、中でもソマリア産の植物の多さに目を引かれる。実生や挿し木にも力を入れており、希少な植物も容赦なく切って挿していく度胸にも驚かされる。

ディッキアの陳列にも町田さんの美学を感じる。同種のものが所狭しと並びトリコームがキラキラと輝いていた。

達人其の二
町田裕一さん

埼玉県にひっそりと佇む淡麗なハウス そして輝くブロメリアたち

Yocto_Nurseryという屋号で活動する町田さん。日本ブロメリア協会に所属しており、販売会やイベント等では珠玉のブロメリアの販売もされている。扱うブロメリアの中で最も力を入れているのは、栽培数を見ても分かる通りディッキアだろう。海外の栽培家とも密に連絡を取り合い、情報や苗そのものの交換なども行っているためその知識と経験は並ではない。

本書ブロメリアの写真の多くは、町田さんの栽培された株たちを撮影させて頂いたものだ。美しく整頓されたハウスは、植物が健康に育つようにと随所に様々な工夫が凝らされている。

達人其の三
TEAM BORNEOさん

都会の一室で繰り広げられる熱帯雨林植物の饗宴

熱帯雨林植物に手を染めたものの間では、TEAM BORNEO は知らない者はいないだろう。年に何度もインドネシアの島々に赴きアグラオネマ、ベゴニア、ブセファンドラなどの野生個体を採集してくる、雨林植物の採集者の先駆けの一人だ。現地では環境保全なども行い、植物好きからの信頼も厚い。

撮影場所に指定されたのは、都内にあるマンション。その一室には宝石のような植物たちがひしめいていた。部屋も個々の栽培ケースも、厳しく温度、湿度管理され、必要十分なLEDの光で栽培される植物たち。長期にわたる採集で部屋を不在にしている間も、万全の環境となるようコントロールされている。さながら実験室のような栽培室は、マニアで無くとも息を呑むはず。

ガラスケースのような閉じた栽培環境ではカビが生えやすく、清潔に保たれていることが重要。ケースにとどまらず、部屋自体も常に清潔に保たれている。

「トロ箱」と呼ばれる発泡スチロールの箱は、保温したり急激な温度変化を避けるためのマストな資材。

栽培にガラスケースを使うのは、雨林植物では常識。「適切に環境をつくっておけば、数週間に及ぶ採集に出かけている間も、植物は健全な状態を保つことが出来ます」と TEAM BORNEO さん

達人其の四
長谷川武さん

清涼な空間に所狭しと並ぶ名品サボテンたち

埼玉サボテンクラブでアンコ（競りの掛け声をかける人）としても活躍される栽培家である長谷川武さん（写真右）の温室。その名はSNSなどでは知られることは少ないが関東において趣味家、栽培家の間ではその名を知らない人がいないほどの名人だ。それはその清涼な空気が漂う7棟もある温室に一歩足を踏み入れると感じることができる。

取材当日は1月というサボテンを撮影するのには最も適さない時期ではあったが全てのサボテンたちはキラキラと輝いて見える。サボテン以外にもアロエ、アガベ、ユーフォルビアなどもコレクションされており、どの株も適した環境にて管理されているためか植物が脈動しているように感じた。人生の多くの時間をサボテンの作り込みに捧げるその細やかさはゴミひとつ無い温室の美しさにも現れている。

写真左の人物は長谷川さんの温室に私達をアテンドしてくれたCACTUS GREEN代表の沼尾氏（https://www.cactus.green）。

氏に実生された様々なタイプのロフォフォラたち。とても心地よい空間だからだろうか、銀色の株から申し合わせるように一斉にピンク色の花が咲き乱れる。好きな人にはパレットごと持ち帰りたいに違いない。ため息が漏れるような空間だ。

鉢の今と未来

多肉植物やサボテンを育てている人を中心に、鉢への関心が高まっている。

ソーシャルな空間で高まる鉢人気

ここ数年、植物を育てることを趣味にしている人たちの間で、鉢への関心が高まっている。殊に、サボテン、多肉植物界隈のユーザーの間で熱気を帯びている。

人気作家の鉢が売り出されるとなれば、価格が1万円以上でと安くはないが、発売日には数十人がかけつける。その中には、その作家の似た意匠の鉢を持っている者も少なくない。販売される鉢は数個に過ぎないことが多いので、販売の権利を得るための抽選が行われる。

運よく手に入れる権利を得られれば、ある者は家に持ち帰り、帰宅早々、手持ちの植物をその鉢に植え替え、SNSにアップする。またある者は、ネットオークションに出品。鉢の値段はすぐさま買値の数倍に達し、一日かけて鉢を手に入れた日当としてはそこそこの金を得ることができる。

「あんな鉢のデザインのどこがいいのか？」、「とても植物の生育を考えているとは思えない」等々。否定的な意見も少なくはないが、それでも欲しい人は欲しいのだ。人気があればあるほど欲しくなり、販売初日の朝に駆けつけて、ほかの人に先んじて入手しようと考える。購入希望者が多くて抽選になれば、やきもきしながらくじを引く。そして、自分は手に入れられなかったその鉢を、誰かがSNSにアップしているのを見て、更に悶絶するのだ。

人と比べあい、ほかの人に先を越されてはもだえ苦しみ、精神的ストレスを感じながらももっともっとと求める気持ちを抑えきれない。その姿は、ある種のソーシャルゲームのユーザーに似ている。ゲーム内のイベントでレアの配布が始まると課金をしながら何回ガチャを回しても欲しいキャラが出ない。ほかの人がSNSでゲット報告をするのを見て、気持ちは更にヒートアップし、さらに積み重なる課金額…。ほかの人の行動が見えるようになり、また、自分の行動も人から見られるようになるソーシャルな空間で、誰かからそうせよと仕向けられているわけでもないのに、人は他者と自分とを比べ、欲しい気持ちを加速させていく。これは鉢に限らず、植物のコレクションについても同様のことが起きているように見える。

飾るための鉢、見せるための鉢

植物を、見た目のよい鉢に入れて観賞することが今に始まったことではない。盆栽しかり、富貴蘭、春蘭、長生蘭、松葉蘭しかり。鉢のみならず、鉢を載せて飾る台や卓、株の汚れを防ぐ火屋などなど、鉢以外のものに凝ることも少なくない。

こうした伝統園芸と呼ばれる植物の楽しみ方は、江戸時代に隆盛を極め、文化的にも成熟した。しかし、明治時代や第二次世界大戦後にヨーロッパ、アメリカの生活文化が流入するとともに、海外の園芸が国内に紹介され、園芸の中で伝統ものが占める領域は徐々に減っていった。そして、1990年代。大きなブームとなったガーデニングは、鉢を使った栽培や寄せ植え、ハンギングバスケットなども行われ、一部ではウィッチフォードなどの陶器鉢も人気となったが、鉢を掘り下げていく流れは大きくは生まれなかった。その理由の一つは、ガーデニングが戸外で育て、戸外で楽しむものだったからではないだろうか。

前述の伝統園芸植物も、育てるのは戸外だが、観賞は室内だ。室内の展示会や床の間でのしつらえ。卒業式の演壇の脇に大きな盆栽が置いてあったのを覚えている人もいるのではないだろうか。　こうしたハレの場で飾るのがこれらの植物である。つまり鉢は、栽培のための器であると同時に、飾るための器でもあるのだ。

サボテン、多肉植物のみならず、植物を美しく育てるためには十分な光と風が必要である。そのためには戸外で育て、必要に応じて遮光、雨よけをするのがよい。もちろん温室が用意できればそれに越したことはない。

SNSにコーデックスなどのイカツイ植物をアップするような人は、見栄えを気にするだけあって、自分なりに栽培環境を整えている人も少なくない。自分もちゃんと植物に取り組んでいるガチ勢だというアピールなのかもしれないが、環境を整えないよりはよい傾向だろう。

しかし、SNS上での見栄えを気にする人が、ネットで買った4000円ほどのビニール製簡易温室に置いたままで、自分の植物をスマホで撮るだろうか？仕事が終わって夜家に帰り、ビール片手にニヤニヤしながら植物を観賞したり、撮影したりするのなら、鉢ごと明るい室内に持ち込むだろう。そして、家の中で一番きれいな壁の前や、一番光の具合がよい場所で撮影をする。鉢は植物を栽培するための器であると同時に人に見せるための器であり、植物を入れて室内に持ち込むための容れ物でもあるのだ。この点においては長年にわたり美意識と様式が洗練されてきた伝統園芸でも、インスタ映えを気にしながらアップされるサボテン、多肉植物でも同じといえる。

次代の作り手を育むエシカルな消費

鉢を巡る状況として、前述の転売の問題が

ある。商品の供給が少なく、希少価値が高まれば転売が行われるのは自然な流れともいえる。希少性が生まれれば、それだけ商品の価値も高まるという側面もある。鉢ではないが意図的に供給を絞ることで枯渇感、レア感を演出してブランド力を維持するようなことも無いわけではない。

しかし、1万円の鉢がネットオークションで5万円で売れたとすると、転売者は4万円の利鞘を得る。鉢の製作、流通、販売の側からすれば、それは、本来自分たちが得るべき利益を、右から左にモノを動かすだけで掠め取られているような気持ちになるのは当然だろう。

転売に対し、供給側としては、転売で高値がつく鉢のインダストリアルラインを作って販売する動きがある。それ用の原型を陶芸家さんに作ってもらい安定して流通させることで、転売するメリットをなくそうという考えだ。

これは自生地を守るための取り組みにも似ている。最近は海外から大量に買い付けられた現地球が大量に国内に出回っているが、未発根のままに出回り、買い手の手元で枯れてしまうものも少なくない。要するに、売っている業者は利益を得るが、自生地は無駄に荒らされ、何の還元もされていない状況だ。

これを防ぐための方法の一つが、国内で作った実生株を大量かつ安価に供給することだ。安価で手に入るのだから、わざわざ遠くの自生地から植物を採ってこなくてもよくなり、結果として自生地が守られることになる。

転売でどれほどの利益がでても、それが作り手などの供給側に直接還元されることはない。園芸植物の場合でも、末端でどれほど高価に売れたとしても、その利益が生産者に還元されなければ、生産者は作るのを止めてしまうということは実際に起きている。

また、せっかく育種した園芸品種がさし木などの栄養繁殖で増殖され、育種家に利益が還元されないという例もある。これについても、育種者の権利を保護し、育種された品種によって得られる利益を育種者に還元するような仕組み作りや法整備が、世界的に進んでいる。

鉢の世界は、今のところそれほど大きな規模ではないかもしれないが、これからもよりよい鉢の登場を期待するのであれば、多くは零細な個人である作り手に利益が還元される仕組み作りが必要になってくるだろう。

これからも鉢に植物を入れて飾り、人に見せるというカルチャーがより深化していくためには、こうした作り手が持続的に作り続けられるようにしていくべきだろう。そのためにも買う側としては、作り手に利益が効率的に得られるようなフェア（公正）でエシカル（倫理的）な買い方を心がけたいものである。

未来へと移りゆく鉢

作家ものの鉢に入れた植物をSNSにアップするようなカルチャーも、年月を経れば洗練されていくのだろうか？ 植物はモノができるまでに時間がかかる
ので、流行のサイクルはそれほど短くはできないものだ。しかし最近では、流行ると見るや海外から大量の株が買い付けられ、国内に流通する。そのため非常に短いサイクルでファッションとして消費されている状況だ。

そうした中では、一つの様式を研ぎ澄まして深めていくというよりは、あれからこれへと、テイストが遷移していくのかもしれない。今は、植物の株自体もワイルド株などといって無骨な姿の株が珍重されることがある。

これは最近流行の植物全体についていえることだが、きっちりと姿を整えられて、きれいに鉢に姿よく収められている植物よりも、人為を感じさせない植物に人気が集まっている。鉢も同様で、きれいに整形されたものよりも、どこか荒さのある、テクスチャーの無骨なものが人気だ。今後はそこからの反動で、よりシンプル、スマート、モダンなテイストが好まれるような流れも生まれてくるのかもしれない。

これまで鉢の原型は作家の手作業で作られてきたが、最近では３Ｄデータから原型を起こすなど、新しい技術や機材を使う試みも始まっている。これまでに見たことがないような鉢が登場する可能性にも期待したい。

文／土屋 悟

人気の鉢は高値で転売される為それを是正する施策として原型を制作し型取りしインダストリアルなラインとして販売する計画も進行中。

パソコン上で 3D データを作って鉢の設計、デザインを行うような製作スタイルも生まれている。

珍奇植物にまつわる植木鉢の話

私たちTOKYがWebストアを開始した2014年11月11日からおよそ4年と数ヶ月か経過しました。

まだその当時はネット界隈にはほとんどなかった、陶芸家さんにオーダーをして多肉植物の為の特別な鉢を作って販売するというスタイルの、おそらくは先駆けだったと思います（色々調べましたが当時は見つけられなかった）。

Webストアはオープン早々好調で、あれよあれよと言う間に急成長し、スタッフさんに入ってもらったり、現在のTOKYは東日本橋に店舗を構えるまでになりました。

そして現在2019年。

さまざまな企業や個人でご商売されている方々が陶芸家さんにオーダーした鉢を販売しています。中には陶芸家さん自身がSNSでブランディングを行い、卸売と小売を行っていたりすることも見かけます。

盛り上がってきて「あぁよかった」と思う反面、この書籍の植木鉢のコラムにも書かれている様に大きなブームになったからこその光と闇が見え隠れします。

転売屋やまとめ買いする人たちが大挙して訪れるようになったのです。販売会などでは取り合いに等しい行為が横行し、その日にはインターネットオークションに高額で出品され、その影響で更に転売をする人が増える始末。

TOKYを設立した当初は、産地に赴いて陶芸家さんに鉢を作って欲しいと言っても、ほとんど相手にされませんでした。植木鉢は穴が空いてたり土を入れられたりと、焼き物の世界では最も地位が低いものだったのです。

その悔しさから「いつか、陶芸の世界では最上位である抹茶茶碗を超えるような価値の植木鉢作って世に知らしめてやる」という執念みたいなものに突き動かされていました。

時は流れ、オークションサイトを見ると有名な陶芸家さんの抹茶茶碗よりも高価な植木鉢が所狭しと並びます（価値を吊り上げる為に、あえて買えないような高額な値段に設定する出品者もいます）。

それはその器の制作された背景や風景、作り、歴史そういうものを纏わず、時代の雰囲気を纏ったもの（敢えて書きますがストリート感的なもの）が多くを占めています。

人気の作家さんに関しては、茶器やカップとして販売されているものも同様に標的となり、オークションサイトでは出品者が穴開けを推奨している始末。

抹茶茶碗を超えるどころか、価格は上がり、更にオークションサイトで高騰してもお金という分かりやすい基準値が上がっただけで、価値はさほどもあがっていないと確信しています。むしろ下がっていないことを祈るのみです。

私がこれに苦言を呈することは実は矛盾をはらみます、何故なら私たちはこの数年の珍奇植物、植木鉢ブームの渦の中心に常にいたのですから。

今現在人気なのは幹が肥大したコーデックスや、迫力ある刺を持つアガベたちでしょうか。ゴツゴツと無骨な風貌からで土の雰囲気がする鉢がよく似合います。

でも、それらはおびただしい数の珍奇植物のごく一部に過ぎません。

私たちは珍奇植物の豊かな造形と生態を更に学び、彼らが心地よく住んでくれる陶器鉢を作ることを模索し続けたいと思います。
それはこの時代に園芸の仕事をしている人間として使命にも似た矜持です。

2019年の秋には今までとは用途が異なるプロユースの鉢もリリースする予定です。作り込めて、温室の中の標本球を植えて鎮座していても違和感なく馴染むような鉢を…。

今後も多くの園芸を愛する人達に寄りそうことができるブランドになることを目指していきます。

written by Rentaro Fujiwara

監修・執筆

[藤原連太郎]
新しい価値を提供する園芸用品と植物のショップ TOKY の代表兼ディレクター。植物好きが高じて2014年に同店のネットショップを立ち上げ、2016年には東京は東日本橋に実店舗をオープンする。作家物やメーカーセレクトの植木鉢、自社企画のオリジナルの園芸アイテムを多く販売する。

Web site : http://toky.jp
Instagram :https://www.instagram.com/rentarof

[Shabomaniac!]
幼少よりシャボテン・多肉植物を栽培してきた歴40年の園芸家。幅広く様々な科、属の植物を育て、栽培困難種の実生や、新種の輸入にも早くから取り組んできた第一人者。自生地を度々巡り、10年目を迎える同名の Blog には実体験に基づく栽培法と、自ら育成した美しい植物の写真が並ぶ。

Blog : http://shabomaniac.blog13.fc2.com
Instagram : https://www.instagram.com/shabomaniac

写真提供　Shabomaniac!
藤原連太郎
中元晃士
佐野馨
河野忠賢
神谷真由美
沼尾嘉哉
宇多田正之

撮影協力　岡野雅行
伊藤壮生
Shabomaniac!
TOKY
長谷川 武
沼尾嘉哉
TEAM BORNEO
町田裕一

ライター　辻幸治
取材協力　日比也貴
撮　　影　シロクマフォート
イラスト　佐野馨
デザイン　(株)誠晃印刷　製版課クロスメディア
編　　集　(株)スタンダードスタジオ
山口拓真

珍奇植物（ちんきしょくぶつ）　ビザールプランツと生きる

2019年6月10日　第1刷発行
2019年6月20日　第2刷発行

監修者　藤原連太郎（ふじわられんたろう） /Shabomaniac!（しゃぼまにあっく）
発行者　中村 誠
印刷所・製本所　図書印刷株式会社
発行所　株式会社日本文芸社
〒101-8407 東京都千代田区神田神保町 1-7
TEL 03-3294-8931(営業) 03-3294-8920(編集)

Printed in Japan　112190523-112190613 Ⓝ 02 (080008)
ISBN978-4-537-21693-6
URL https://www.nihonbungeisha.co.jp/

(編集担当 牧野)